KB268691

신문으로 본
제주관광 발전사

1960~1979

문성민 지음

이담
Books

프롤로그

인터넷에서 무료로 신문 읽기가 가능해지면서 신문 구독률은 감소 추세이지만 종이로 된 신문은 여전히 광범위하게 읽히고 있다. 평범한 가정이라면 1개 이상의 중앙 일간지는 구독하고, 지방에 거주한다면 지방 일간지를 구독하는 가정도 적지 않을 것이다. 일반적으로 종이 재질의 신문은 특별한 경우가 아니라면 발행날짜가 곧 유효기간이나 마찬가지여서 며칠 전의 신문을 다시 들춰 보는 사람은 많지 않을 것이다. 만약 종이 재질의 신문이 일정부수가 쌓였을 때 보관하지 않고 재활용함에 버릴 거라면 인터넷에서 무료로 신문을 읽는 것이 바람직할 것이다. 왜냐하면 개인에게는 구독비용의 절약이 가능하고 국가로서는 자원낭비와 환경훼손을 최소화할 수 있기 때문이다. 그러나 보관할 의향이 없으면서도 종이로 된 신문은 여전히 광범위하게 구독되고 있다.

일간지의 유효기간이 짧은 까닭은 아마도 하루라는 구조적 속성에 기인하는 것 같다. 신문에서 다뤄지는 뉴스의 대부분은 전일에 일어났던 상황을 다룬 것이기에 뉴스(news)라는 말 그대로 새롭지(new) 않으면 기사화될 수 없을 것이다. 물론 연재기사라든지 심층기사도 게재되기는 하지만 일간지에서 다루는 시간 프레임은 하루 단위이기에 보관의 필요성을 느끼지 못하는 것이다. 그런데 하루만 지나면 신선함을 상실해서 가치가 하락하는 상품이 우유라지만 적절한 가공처리 과정을 거치면 장기보관이 가능한 치즈로 환골탈태하듯이, 일간지의 뉴스도 장기적인 안목에서 보면 훌륭한 정보로 재창조될 수 있다. 그럼에도 불구하고 종이 재질의 일간지는 보관의 어려움뿐만 아니라 1년만 쌓여도 일일이 들춰 보면서 별 의미 없는 자료(data)를 유용한 정보(information)로 변환하는 것도 쉽지 않은 일이다. 그래서 오래된 신문기사의 디지털화는 과거에는 미처 보지 못했던 현상이 보이게끔 할 수 있게 만들어 주는 유용한 수단으로 자리 잡아 가고 있다.

신문기사의 디지털화는 편리한 정보검색을 가능케 하기에 곧바로 애용되는 반면, 디지털화되지 않은 채 도서관의 한편에서 케케묵은 냄새마저 풍기는 일간지를 찾는 손길은 감소되는 추세이다. 중앙 일간지에서는 디지털화하는 범위를 확장하고 있지만 대다수의 지방 일간지에서 구축한 정보제공의 범위는 10년 안팎이므로 사실상 신선함이 유지되는 기간이라고 볼 수 있다. 최소한 30~40년의 기간은 거슬러 올라가야 실체를 확인할 수 있는 갈등이나 사건이 적지 않다는 점에서 디지털로 구축된 범위가 제한적인 지방 일간지로부터 유용한 정보를 만들기란 쉽지 않다. 그렇다고 디지털화되기만을 기다릴 수 없기에 1960년대와 1970년대에 발행된 제주지역의 일간지인 제주신문을 일일이 손때를 묻혀 가면서 읽어 보았다. 오래된 일간지를 들춰 본 까닭은 30~50년 전으로 거슬러 올라가서 제주관광의 초창기를 확인해 볼 의도가 있었기 때문이었다.

1960년대와 1970년대의 일간지를 통해 살펴본 제주관광은 새로움보다는 진부함이 느껴진다. 한국사회의 변화속도를 감안하면 30~50년 전의 기사를 접했을 때 신기함이 느껴져야 하지만 현재에도 지속되는 사건이 적지 않기에 진부함이 느껴지는 것이다. 예를 들어 1960년대부터 논란이 된 한라산 케이블카 설치계획은 현시점에서도 여전히 논란거리이다. 또한 1960년대 중반부터 모든 제주도민을 관광요원으로 양성하고자 한 운동의 추진력은 감소되었지만 현재에도 불씨가 꺼지지 않고 있다. 초등학교 학생을 대상으로 관광교육을 실시하는 정책도 일선 학교에서 반복되고 있음을 확인할 수 있다. 오래된 신문을 읽었지만 당일날짜가 찍힌 따끈따끈한 신문을 읽은 것 같기도 하다. 흔히 말하는 데자뷰(deja vu)가 느껴진다고 표현해도 될 듯하다.

1960년대와 1970년대의 제주관광을 진단할 수 있을 것으로 생각한 기사를 추린 후 이를 토대로 69개의 에피소드를 작성하였다. 가급적 연대순으로 정렬하였지만 순서에 관계없이 읽더라도 무방하므로 부담 없이 훑어볼 수 있을 것이다.

10월

문성민

목차

제2장 | 1967~1969

제4장 | 1973~1976

제5장 | 1977~1979

제1장

1960~1966

재일동포가 건립한 제주도 최초의 민영호텔

총 공사비 3천만 원을 들여 1962년 10월 17일에 기공식이 열렸던 제주관광호텔은 마침내 1963년 10월 13일에 화려한 개관식이 거행되었다. 호텔 주위에 2천6백여 명의 제주도민이 운집한 가운데 서울에서 교통부 장관과 공보부 차관, 재향군인회 부회장이 축하사절로 참여하였다.[1)

1998년에 문화관광부가 독립된 중앙부서로 발족하기 이전 시점의 관광 업무는 교통부에서 전담한 관계로 제주관광호텔 개관식에 교통부 장관이 참석한 것이다. 그런데 관광호텔 개관식에 장관이 직접 참석하는 것은 예나 지금이나 관행화된 흔한 사건이 아니라는 점에서 제주관광호텔의 중요성을 유추해 볼 수 있다.

교통부 장관과 동행한 공보부 차관은 제주관광호텔 대표인 김평진

---

1) 제주신문(1963. 10. 15), 「제주관광의 상징 관광호텔, 성황리에 개관」.

에게 박정희 의장이 수여하는 문화훈장국민장을 전달하였다. 제주관광호텔이 개관한 1960년대 초반의 제주도에는 8실 규모의 서귀관광호텔을 제외하면 관광객 및 주요 인사가 숙박할 공간이 마땅치 않았다는 점을 감안해도 관광호텔 개관식에서 훈장을 수여한 것은 일견 파격적인 선심행정으로 비춰질 수 있다.

제주관광호텔 대표인 김평진은 자수성가한 재일동포로서 고향인 제주발전을 위해 창설된 제주개발협회의 2대 회장으로 선출되었다. 김평진이 이끄는 재일 제주개발협회의 향토방문단이 처음으로 고향인 제주를 방문한 후 일본으로 돌아가는 길에 서울에서 박정희 국가재건최고회의 의장을 예방하였다. 당시만 해도 제주와 일본을 오가는 항공노선이 개설되어 있지 않아 서울 경유가 불가피했던 것이다.

박정희 의장과 동석한 김영관, 당시 제주도지사는 다음과 같은 요지의 발언을 한다. 즉 "제주는 최고의 관광자원을 가지고 있지만 초가집 여관밖에 없어 중앙 요로에서 귀빈이 방문하더라도 숙박할 시설이 없어 외국인 관광객 유치에 필수적인 현대적 설비를 갖춘 호텔 건립이 필요하다"면서 동포 중에서 투자할 의향이 있는지를 타진한다. 이에 김평진 제주개발협회 회장이 즉석에서 근대적 호텔 건립을 박정희 의장에게 약속한 후 정부로부터의 보조금까지 마다하면서 자력으로 제주관광호텔을 건립한 것이다.[2]

제주관광호텔의 완공 이후 서귀포관광호텔도 건립한 김평진은 제주관광발전에 지대한 공헌을 했을 뿐 아니라 교육과 언론, 체육 분야까지 위대한 흔적을 남긴 인물로 평가된다. 당시 심각한 경영난을 겪

---

2) 신이치로(2010). 『한국의 경제 발전과 재일 한국 기업인』, pp.269~270.

고 있었던 제주여자학원의 경영을 맡아 제주도 최초로 학내 체육관과 실내 화장실을 갖춘 4만 5,625㎡의 부지에 근대적인 학교를 신축하여 제주여자학원을 사립 명문으로 육성하였다. 또한 1977년에는 제주신문사 회장으로 취임하여 제주 언론을 선도하였고, 막대한 금액을 출연하여 제주도종합경기장과 애향운동장 건설에 기여함으로써 전국소년체육대회의 개최를 가능케 한 공로를 인정받고 있다.[3]

제주도 최초의 민영호텔인 제주관광호텔은 현시점에서도 운영 중이다. 삼성혈의 정기가 느껴지는 터에 건립되었지만 도로 맞은편에 지상 18층 높이의 제주KAL호텔이 들어선 1974년 이후부터는 상징성을 잃어가는 듯하다. 지금도 삼성혈 바로 옆에 있는 하니크라운호텔의 존재를 모르는 제주도민은 거의 없다고 해도 과언이 아니겠지만 전신이 제주 최초의 민영호텔인 제주관광호텔이었음을 알고 있는 제주도민은 많지 않을 것이다. 이런 점에서 현재의 하니크라운호텔의 입구에 자그마한 알림판이라도 설치하는 것을 고려해 볼 만하다.

관광특례지역으로 요정출입제한금지 해제

1964년 3월경에 국가의 모델케이스라는 명목으로 제주도에 한해 공무원의 요정출입금지 조치가 해제되었다고 한다.[4] 이러한 사실로 미루어 보면 제주도를 제외한 전 지역은 공무원의 요정출입을 금지

---

3) 신이치로(2010). 『한국의 경제 발전과 재일 한국 기업인』. pp.290~292.
4) 제주신문(1964. 3. 10). 「관광특례지역으로 요정출입 제한 해제」.

한 것을 알 수 있다.

이승만 대통령 재임 말기에 만연해진 공직사회의 부정부패의 일면은 당시에도 주지육림(酒池肉林)이라던 40~60개소에 달하던 고급요정의 실상에서 엿볼 수 있다. 그런데 1960년 4·19혁명의 여파로 고급요정에는 단골의 발길이 끊기게 되어 상당수 고급요정들이 폐업의 위기에 몰리자 외상값을 받으려는 요정 마담들이 사회적 화제가 되기도 하였다. 혼란스러운 시기에 들어선 장면 내각은 공무원의 요정출입을 금하는 금족령을 내리기도 했지만 출범 3개월도 못 돼 고급요정은 예약 없이 이용하기도 어려운 제2의 전성기가 도래하였다고 한다.[5]

1961년 5·16군사정변이 발발한 직후 계엄사무소는 공무원의 요정출입을 엄금하겠다는 담화를 발표하고, 동년 5월 23일에 적발된 26명의 공무원을 군사재판에 회부하는 초강경 조치를 전격적으로 단행하였다.[6] 실권을 장악한 국가재건회의 산하기관인 재건국민운동본부도 동년 7월 25일에 고급요정 출입금지 등 국민들이 준수해야 할 7개 항목의 최우선 실천사항 및 방안을 발표하였다.[7] 1964년 1월 6일에는 최두선 국무총리가 요정출입을 일체 금지하는 안이 포함된 「기강확립에 관한 일반계획」을 발표하였다.[8] 그리고 동년 12월에 국무총리 주재로 열린 공무원 부정근절 대책회의에서는 공무원의 부정부패와 기강확립을 위해 허가 없이 요정을 출입하는 공무원은 즉각 파면하는 결정을 내리게 되었다.[9]

---

5) 동아일보(1960. 11. 27). 「도시락 내각과 고급요정」.

6) 경향신문(1961. 5. 25). 「공무원 26명을 軍裁회부, 稅吏 등이 요정출입 타 적발되어」.

7) 경향신문(1961. 7. 25). 「중립사상 배척 내핍생활 勵行」.

8) 동아일보(1960. 1. 6). 「요정출입 일체 금지」.

9) 경향신문(1964. 12. 12). 「요정출입 하면 파면」.

군사정변으로 집권한 정부가 공무원의 요정출입을 엄단한 것은 이른바 요정정치의 위험성을 십분 이해하고 있었기 때문일 것이다. 정치란 공개된 장소에서 논의되어야 투명성이 보장되지만 실권을 장악한 극소수 정치인들이 이목을 피해 비밀리에 요정에서 내리는 결정은 정략 또는 모략에 불과한 것이다. 또한 요정은 재벌로부터 정치자금을 수수하고 그 대가로 특혜를 주던 부정부패가 만연한 공간이기도 했다. 국가의 중요 결정이 요정에서 내려지다 보니 정치부패가 극에 달한 자유당 정권의 모 내무부장관은 유명한 기생을 1,500만 환에 매수하여 정치동향을 파악하였다는 유명한 비화도 있다고 한다.[10]

공무원의 요정출입을 엄격히 금지하던 서슬 푸른 시절에 제주도에 한해 요정출입금지조치를 해제한 것은 부정적 폐해가 육지 본토로 확산되지 않고 통제할 수 있다고 판단하였기에 가능한 조치였을 것이다. 1964년 당시만 해도 제주와 서울을 오가는 항공편수도 1일 2~4편 내외에 불과하고, 1963년 10월에 개관한 최초의 민영호텔인 제주관광호텔의 객실 수도 30여 실에 불과하여 서울에서 정치인들과 기업인들이 제주도의 고급요정에서 회합하기는 어렵다는 판단이 작용하였을 것이다.

또한 열악한 관광기반시설로 인해 관광객을 유인할 수 있는 매력물이 부족한 관계로 제주도에 한해 요정출입을 허용하면 남성관광객 유치가 가능하다는 논리가 개입되어 있었을 수도 있다. 그런데 2004년 3월에 「성매매 방지 및 피해자 보호 등에 관한 법률(일명 성매매 특별법)」이 제정되자 제주도를 성매매 예외지역으로 지정해야 한다

---

10) 송건호(2002), 『송건호 전집7: 한국민족주의의 탐구』, 「요정정치론」 참조.

는 주장이 힘을 얻기도 했다. 이처럼 관광업체를 중심으로 성매매 특별법의 특례를 주장하는 여론이 비등해지면서 DAUM 커뮤니케이션 제주(jeju.daum.net)에서 네티즌을 대상으로 보름간 온라인 설문조사를 실시한 결과 응답자의 64%가 예외지역 인정에 대해 반대 입장을 표방하였다. 그런데 남성 응답자의 54%가 예외지역 인정을 찬성한 반면 여성 응답자는 19%에 불과하였는데, 성매매 특별법 시행으로 인해 제주관광에 상당한 타격이 예상된다고 답변한 응답도 44%인 것으로 나타난 바 있다.[11]

성매매 특별법이 제정된 2004년의 제주방문 전체 관광객 수는 2003년보다 불과 19,122명이 증가한 것으로 나타났다. 내국인 관광객은 전년보다 89,076명이 감소하였지만 외국인 관광객이 108,198명이 증가하면서 전체적으로 19,122명이 증가한 것으로 나타난 것이다. 전년 대비 2005년의 전체 관광객 수도 87,763명이 증가하였는데 비록 소폭이지만 내국인도 38,255명이 증가한 것으로 나타났다.[12] 이러한 현황을 보면 성매매 특별법 시행이 단기적으로 제주관광에 영향을 미친 것으로 보이지만 2009년의 제주방문 관광객 수가 600만 명을 돌파한 점에서 알 수 있듯이 성매매 특별법 시행으로 오히려 제주관광은 새로운 방향을 정립하여 국제적인 휴양관광지로 발전하고 있음을 알 수 있다.

---

11) 제주일보(2004. 11. 12). 「성매매 예외지역 네티즌 64% 안 돼」.

12) 2009년도 제주통계연보 참고.

한라산 제1횡단도로 차단은 관광에 치명타

제주도에는 한라산을 거쳐 제주시와 서귀포시를 왕래할 수 있는 2개의 주요 도로가 있다. 완공순서에 따라 흔히 제1횡단도로와 제2횡단도로라고 통용되는데, 관광객이라면 제주관광지도를 꺼내 보면 제1횡단도로는 지방도1131호, 제2횡단도로는 지방도1139호로 표기되어 있음을 알 수 있다. 그러나 제주도에서 제1횡단도로는 '5·16도로', 그리고 제2횡단도로는 '1100도로'라고 불리고 있다. 정식도로명칭이 아니지만 5·16도로라고 통용되는 길은 박정희 정부의 5·16군사정변을 기념한 것이고, 한라산의 정상높이인 1,950m로부터 지척인 해발 1,100m를 관통하는 도로라는 의미에서 흔히 1100도로라고 불리고 있다.

5·16도로는 제주시 중심지인 관덕정에서 한라산을 횡단하여 현재의 서귀포시청을 연결하는 총 연장 43㎞의 도로이다. 1962년 3월 24일에 화려한 기공식을 연 후 1963년 10월 12일에 제주시와 서귀포에서 개통식이 거행되었다. 그런데 1969년 10월 1일에 또 한 번의 개통식이 열렸으니 이래저래 5·16도로는 제주도 근대화 역사의 한 페이지를 장식하고 있다. 이처럼 6년의 시차를 두고 개통식이 두 차례나 거행된 것은 도로포장 때문인데, 첫 번째 개통식은 식민지배하인 1932년에 개설된 꼬불꼬불한 임도를 확장 정비한 것을 기념한 것이고, 두 번째 개통식은 포장공사가 70% 완료된 시점에서 거행한 것이다. 100% 완료된 상황이 아닌 시점에서 두 번째 개통식을 거행한 까닭은 불과 5일 후로 다가온 대통령 선거를 겨냥한 선거용 행사였기 때문이었다.[13]

---

13) 강정효(2003). 『한라산: 오름의 왕국 생태계의 보고』, p.250.

일제시절 개설한 임도를 확장 정비한 후 1963년 10월에 개통한 5·16도로는 비포장상태였지만 마이크로버스의 운행이 가능하여 관광기반시설이 열악한 당시로서는 한라산의 절경을 체험할 수 있는 5·16도로가 관광객이 선호하는 코스였던 것이다. 그래서 원활한 도로포장을 위해 5·16도로를 차단하는 조치가 1964년 5월경에 전격적으로 단행되자 제주관광과 서귀포 경제에 치명상을 가하는 것이라면서 제주사회가 발끈한 것이다.[14]

1962년 3월 24일에 거행된 기공식 행사에는 박정희 의장을 대신하여 김형욱 최고위원이 치사를 낭독할 만큼 당시 정부에서도 역점사업으로 추진한 것임을 알 수 있다. 이뿐만 아니라 당시 국내 최고 인기가수였던 송민도와 도미, 박재란, 그리고 해군함에 의해 수송된 해군 군악대와 의장대, 해병고적대들의 축하공연이 전국에 실황중계까지 되었다고 하니 5·16도로가 함축하는 바는 적지 않을 것이다.[15] 당시 제주시에서 서귀포까지는 일주도로를 이용하면 5시간 남짓 소요되었지만 5·16도로의 개통으로 불과 1시간 30분으로 단축됨으로써 제주도의 정치·경제·문화의 중심지인 제주시와 서귀포시의 간극을 좁히는 데 일조하였다. 뿐만 아니라 1971년에 문을 연 탐라목석원을 필두로 5·16도로변에는 수많은 관광지가 조성되어 제주관광발전의 원동력으로 작용하였다.[16]

오늘날에도 제주관광에 없어서는 안 될 요소인 5·16도로는 슬픈 역사를 간직하고 있다. 5·16군사정변으로 집권한 박정희 의장은 사

---

14) 제주신문(1964. 5. 12). 「관광 붐에 일대 충격」.
15) 제주일보(2010. 2. 12). 「산남·북의 대동맥 5·16도로」.
16) 서울신문(2010. 3. 22). 「도시와 길(7). 제주 5·16도로」.

회정화를 명분으로 깡패 소탕령을 내려 구속된 사람들로 국토건설단을 조직하여 제주도를 비롯한 오지개발에 투입한 것이다.[17] 국토건설단은 제1횡단도로인 5·16도로뿐만 아니라 제2횡단도로인 1100도로, 그리고 제주도민에게 맑은 수돗물을 공급하는 어승생 저수지 건설 사업에도 투입되었다.[18] 박정희 대통령의 국토건설단 개념은 후일 집권한 전두환 대통령에 의해 삼청교육대로 부활한 것으로 볼 수 있지만 제주도가 삼청교육대의 노역에 기대지 않았던 점은 다행스러운 일이다.

한라산 케이블카 설치에 미온적인 전문 산악인들

한라산에 케이블카를 설치해야 한다는 초창기 논의방향은 관광자원으로서의 경제적 가치를 부각하고 있다. 1960년대 초반부터 불거진 한라산 케이블카 설치를 둘러싼 찬반양론은 2000년대에도 접점을 찾지 못하고 평행선을 달리고 있다. 한라산 케이블카 설치를 반대하는 핵심논리인 환경보전은 한라산이 국립공원으로 지정된 1970년과 국내 최초로 유네스코 세계자연유산으로 지정된 2007년을 기점으로 찬성논리인 경제효과를 압도하고 있다.

국립공원으로 지정되기 이전인 1960년대 초반의 한라산은 호락호락 사람의 발길을 허락하지 않는 미개발지나 다름없었다. 당시의 한

---

17) 제주시(2000), 『사진으로 엮는 20세기 제주시』, p.135.

18) 제주일보(2010. 3. 14), 「제주의 대역사, 어승생 수원지 건설」.

라산에는 크고 작은 조난사고가 빈발하였는데 1961년 1월에는 하산하던 서울대학교 법과대학의 한라산 등반대 일행 1명이 사망하는 안타까운 사고가 발생하였다.[19] 1년 후인 1962년 8월에도 조난당한 대학생 1명이 폭우로 갑자기 불어난 냇물에 휩쓸려 사망하는 사건이 발생하였다.[20] 이러한 조난과 사망사고를 미연에 방지하기 위한 근본적인 대책이 필요하다는 여론이 환기되면서 케이블카 설치가 새삼 제기되게 되었다. 또한 체계적으로 개설되지 못한 등산로가 큰 비에 번번이 유실되는 상황이 반복되면서 케이블카 설치가 필요하다는 주장이 제기되었다.

조난사고도 방지하면서 등산로도 보전할 수 있는 케이블카 설치계획에 대해 직접 이해당사자라고 할 수 있는 제주도 내 전문 산악인은 에둘러 반대의사를 표명하였다. 즉 한라산의 원대한 개발계획인 케이블카보다는 등산로 정비 등의 점진적인 방안이 시급하다면서 케이블카 설치계획에 동조하지 않았던 것이다.[21] 조난사고와 등산로 유실이라는 심각한 문제에 직면한 전문 산악인들이 내놓은 해법으로 인해 케이블카 설치계획은 상당기간 수면하에 잠복하게 되었다.

한라산을 누구보다도 속속들이 알고 있기에 최적의 이용방안을 도출하리라는 보편적 신뢰가 형성된 전문 산악인들이 케이블카 설치계획에 미온적인 태도를 보인 것은 레크리에이션 전문화(recreation specialization)의 관점에서 설명할 수 있다. 이 이론에 의하면 레저 활동을 즐기는 수준이 전문화될수록 해당 레저 활동을 관리하는 철학

---

19) 동아일보(1961. 1. 13). 「법대생 1명 사망」.
20) 동아일보(1962. 8. 4). 「한라산서도 학생 1명 사망」.
21) 제주신문(1964. 8. 20). 「관광개발의 선도, 등산로 보수 시급」.

도 심오해지고 행동 자체도 책임성이 강화된다는 것이다.[22] 브라이언(Bryan, 1977)에 의해 제기된 레크리에이션 전문화 이론은 후속 연구자에 의해 다양한 유형의 레저 활동에 적용되었는데 대부분 브라이언(Bryan, 1977)의 이론이 지지되었다. 미국의 산악동호회 회원을 대상으로 레크리에이션 전문화 이론을 적용한 연구 결과 전문가일수록 산악활동에서 발생하는 영향을 최소화하고자 하는 태도가 강하며 또한 실천에 옮기는 것으로 나타났다.[23]

1960년대 중반, 한라산에서의 조난사고와 등산로 유실이라는 난제에 봉착한 제주도 내 전문 산악인들의 케이블카 설치계획에 미온적인 태도로부터 케이블카는 적절한 대안이 아니라는 점을 유추해 볼 수 있다. 2009년 7월「국립·도립·군립공원 안 관광용 케이블카 반대 전국대책위원회」에서 추진한 '국립공원 케이블카 설치 반대 100인 선언'에 우리나라의 대표적인 산악전문가인 엄홍길 및 박영석의 동참배경도 레크리에이션 전문화 이론에 의하면 케이블카는 적절한 관리대책이 될 수 없다고 설명된다.

레크리에이션 전문화 관점에서 보면 전문가와 비전문가 간에는 상당한 인식적 차이가 존재하는 만큼 상대의 관점에서 조망하는 태도를 견지하지 않으면 갈등이 심화될 소지가 높다. 전문가 집단에서 경험과 지식을 내세워 일반인 집단을 무시한다거나 정반대로 수적 우위를 토대로 전문가 집단의 의견을 일방적으로 묵살하면 갈수록 사고가 극단화되는 집단사고(group thinking)가 형성될 개연성이 높다.

---

22) Bryan, H. (1977). *Leisure Value System and Recreational Specialization: The Case of Trout Fisherman*. Journal of Leisure Research, 9(3), pp.174-187.

23) Dyck et. al. (2003). *Specialization among Mountaineers and Its Relationship to Environmental Attitudes*, Journal of Park and Recreation Administration, 21(2), pp.44-62.

한라산 케이블카를 둘러싼 전문가 집단과 일반인 집단의 괴리를 좁히기 위해서는 상대집단의 관점에서 이해하려는 집단지성(collective intelligence)의 자세가 필요할 것이다.

허리가 부러질 정도라는 일주도로 상태

화산섬인 제주도의 지형적 특성으로 인해 용천수가 분출되는 해안을 중심으로 취락지구가 자연발생적으로 형성되었다. 현대적인 영농기법이 도입되기 전에도 생활용수를 얻기 어려운 중산간 일대에는 화전 또는 목축을 하는 소규모 부락이 있었지만 오늘날에도 제주도의 중심지는 여전히 해안과 인접한 공간이다.

제주도의 해안은 용천수가 분출되는 공간이자, 어업에 종사하는 어민과 해녀에게는 삶의 터전이며, 육지 본토와의 인적·물적 교류가 이루어지는 항구는 소통의 장소이다. 오늘날 제주도의 관문인 제주국제공항도 해안선을 끼고 건설된 관계로 예나 지금이나 제주인의 삶은 해안선으로부터 멀리 떠나지 못하고 있다. 그래서 취락에 거주하는 사람들이 상호 왕래하는 길은 자연스럽게 해안선을 따라 형성되었는데 이를 일주도로라고 한다.

오래전부터 서서히 만들어진 일주도로는 현무암 암반으로 인해 걷기에도 불편해서 자동차의 운행은 고행길이나 다름없었다고 한다.[24] 지금이야 일주도로를 통해 제주시 중심지에서 서귀포시 중심지까지

---

24) 제주신문(1964. 8. 23). 「말 아닌 일주도로 관리, 울퉁불퉁에 관광객 비명」.

1시간 남짓이면 충분하지만 1960년대 중반만 해도 족히 4~5시간이 소요되었다고 한다.[25] 가히 최악의 도로 사정에 충격흡수력이 좋지 못했을 당시 버스를 탄 관광객이 "허리가 부러질 지경이라 다시는 올 생각이 없다"라고 한 불평은 십분 이해되는 대목이기도 하다. 그래서 관광산업 육성을 위한 최우선적 기반시설로 간주된 일주도로 포장사업은 1962년 7월에 시작되어 연인원 40만여 명을 동원하여 1970년 11월에 준공되었다. 일주도로 포장이 완료됨으로써 기존 9시간이었던 제주도 일주여정이 3시간으로 단축될 수 있었다.[26]

제주도 일주도로의 포장사업은 제주도민과 관광객에게 이동편의를 제공하기 위함이었지만 한편으로는 바다에서 작업하는 해녀의 생생한 장면을 이동하는 관광전세버스에서도 볼 수 있도록, 이른바 해녀의 관광자원화 방안도 고려된 것이다.[27] 비록 일주도로는 해안선을 끼고 형성되었지만 해안으로부터 일정거리가 이격되어 물질하는 해녀의 모습을 생생히 보기는 어려운 관계로 자동차에서 직접 바다를 볼 수 있는 해안도로가 후일에 개설되었다. 개설된 해안도로에는 제주도민의 자동차보다 관광객이 운전하는 렌터카가 대종을 이루고 있고, 최근에는 해안도로를 낀 올레코스가 개장되면서 도보로 이동하는 관광객도 적지 않을 만큼 해안도로는 최고의 관광자원으로 손색이 없다. 하지만 자연환경을 무시하고 개설된 구간에서는 사구(砂丘)의 파괴로 인해 해안도로뿐만 아니라 도로변의 주택에 모래가 쌓이는 피해도 매년 심각해지고 있는 실정이다.[28]

---

25) 이기욱(2003), 『제주 농촌경제의 변화』, p.200.
26) 경향신문(1970. 11. 9), 「우회도로 8년 만에 완성, 제주일주 6시간 단축」.
27) 경향신문(1963. 6. 7), 「제주항을 자유항으로」.

　　1970년에 일주도로 포장이 완료된 이후 현재까지도 도로개설은 계속되고 있다. 2009년 12월을 기준으로 인구 1,000명당 도로연장 현황을 보면 제주는 5.72㎞로서 서울과 부산, 경기도를 훨씬 상회하고 있다. 뿐만 아니라 국토계수당 도로밀도 현황에서도 서울보다는 다소 뒤처질 뿐 타 광역시도는 비교대상이 되지 못하고 있다.

<표> 시도별 도로보급률 비교(2009. 12. 31. 현재)

구분	서울	부산	경기	제주
인구당 도로연장 (km/천 인)	0.80	0.84	1.17	5.72
국토면적당 도로연장 (km/㎢)	13.46	3.91	1.29	1.73
국토계수당 도로밀도 (km/√면적×인구)	3.28	1.81	1.23	3.15

출처: e-나라지표. 도로보급률 현황.

　　제주도에서 끊임없이 새로운 도로노선을 개설하고 기존 노선을 확장하면서 40여 년 전 '허리가 부러질 지경'이라는 관광객 불평은 사라진 지 오래되었다. 이처럼 제주도 전역이 마치 거미줄처럼 촘촘하게 연결되면서 2009년 3월 현재, 제주도의 자동차 보유대수는 인구당(2.34명당 1대) 및 세대당(0.81가구당 1대) 전국 1위를 4년 연속 굳건히 지키고 있다.[29] 그런데 제주도의 자동차 보급률이 급속히 증가하면서 해안선을 끼고 형성된 기존 취락에는 주정차 문제가 심각해지고 있다. 자동차 없는 생활은 상상할 수 없게 되면서 주정차 공간이 부족한 기존 취락으로부터 새로 조성된 택지지구로 이전하는 도민이

---

28) 제주일보(2010. 3. 8). 「모래 해안도로, 근본 원인 규명해야」.
29) 제주일보(2009. 5. 13). 「제주지역 인구 및 가구 수별 자동차 보유대수 전국 1위」.

증가하면서 자연스럽게 기존 취락의 공동화 현상은 심화되고 있다. 역사적으로 제주도민의 삶의 터전이었던 해안선 일대의 취락은 관광객 이동편의를 도모할 목적에서 시작된 도로개선사업의 장기적 영향으로 인해 점차 의미를 상실하고 있는 점은 대단히 유감스러운 일이다.

8대 관광지 인기투표 참여 독려

1964년 12월의 제주도는 8대 관광지 선정 인기투표에 적극적으로 참여함으로써 제주도를 관광지로 홍보하자는 여론이 조성되었다. 그런데 12월 20일로 예정된 투표 마감일이 불과 20일 전이지만 대다수 제주도민은 이런 행사가 진행되는지 여부조차도 인지하지 못한 상황이었다. 이에 당시 제주사회의 여론을 선도하고 있던 제주신문사에서 12월 초부터 투표참여를 독려하는 의제설정(agenda setting) 기능을 수행한 것이다.[30]

1965년도의 8대 관광지 선정 인기투표는 관광산업박람회 행사의 일원으로 대한관광협회에서 주도한 것이다. 1965년도라는 수식어가 따라오는 것으로 미루어 보면 선정될 8대 관광지의 유효기간은 1년으로 제한하고자 한 것이다. 이 행사를 주도한 대한관광협회에서는 인기투표로 선정될 8대 관광지를 1965년도의 추천 관광지로 육성할 목적이 있었던 것으로 보인다. 이처럼 연도별로 대표 관광지를 선정하는 행사는 문화체육관광부에서 2004년부터 매년 한 지역을 선정하

---

30) 제주신문(1964. 12. 3). 「관광지 인기투표, 道 도민의 많은 투표 촉구」.

고 있는 '지역방문의 해' 사업에서 유사성을 발견할 수 있다. 2004년은 '강원방문의 해'였고 2005년은 '경기방문의 해', 2006년은 '제주방문의 해', 그리고 2010년은 '대충청 방문의 해'이다.

1965년도 8대 관광지 선정 인기투표는 1회성 행사로 종료되었다. 전 국민을 대상으로 무제한 엽서투표로 진행하는 관광지 인기투표는 지속되기 어려운 구조적인 문제점이 있다. 우선 무기명 투표인 만큼 상주인구의 규모가 많을수록 투표율이 유리해지고, 1인당 투표횟수에 제한이 없는 관계로 재력의 수준에 따라 투표율이 유리해질 수 있다. 인기투표의 참여방식이 엽서인 만큼 엽서발행주체인 공공기관에서는 별다른 노력 없이도 엽서판매수익을 기대할 수 있지만, 자원이 부족한 1960년대 중반에 매년 수백만 장의 엽서를 인기투표로 소모하는 것은 사회적으로도 수용되기 어려웠을 것이다. 따라서 1965년도라는 타이틀은 붙었지만 8대 관광지로 선정만 되면 실질적으로는 연도에 구속되지 않음을 알고 있기에 각 지역에서는 투표참여를 독려한 것이다.

8대 관광지 선정 인기투표 기간은 11월 20일부터 12월 20일까지로 공고되었다. 인기투표 참여방식은 후보지로 선정된 22개 관광지 중에서 8개의 관광지를 엽서에 기입하여 우송하는 것이다. 최종 후보지로 선정된 22개 관광지는 서울을 포함한 11개 지역에서 자체적으로 선정한 2개 관광지로 구성되어 있는데, 제주도에서는 서귀포와 한라산을 후보지로 추천하였다. 이처럼 지역별로 2개 관광지를 추천받아야 하기 때문에 대한관광협회에서 주도한 이벤트의 실제 투표는 11월 20일부터 개시되었지만 사전 준비는 1월 중순부터 진행되었다. 따라서 각 지역에서는 행사내용을 홍보하는 충분한 시간이 주어졌지만 제주도 당국에서는 투표가 시작된 지 열흘이나 지난 11월 31일에서야 기안(起案)하고 시군과 관계기관에 투표사실을 통보하는 뒤늦은 조치를 취했다고 한다.

12월 초순에 제주신문사에서 인기투표 참여를 독려하는 연재기사가 게재된 직후부터 대대적인 캠페인이 진행되었다. 바로 직전까지만 해도 당사자라고 할 수 있는 제주도관광협회에서조차 재정적 뒷받침이 없었기 때문에 인기투표에 회의적이었지만 제주신문사의 연재기사가 발표되면서 신속한 대처를 하게 되었다. 1964년 12월 15일자 제주신문에 투표참여를 독려하는 제주도관광협회 회장의 장문의 기고문이 게재되고, 이틀 후인 12월 17일에는 인기투표 동참을 알리는 광고가 제주신문에 게재되었다. 제주도 당국에서는 제주도 내 학생들은 반드시 의무적으로 투표에 참여하도록 교육당국의 협조를 요청하는 등 열흘 연장된 12월 31일의 투표 마감일까지 총력을 쏟아 80만여 표의 투표를 예상하였다.[31]

8대 관광지 인기투표 집계결과는 1965년 3월에 발표되었다. 1위는 2백29만 8천9백51표를 획득한 전북의 변산반도, 2위는 전북의 내장산, 3위는 전남의 한려수도, 4위는 전남의 지리산 등, 1위에서 4위까지 전북과 전남에서 각각 추천한 2개의 관광지가 모두 선정되었다. 최종 후보지 22개 관광지 중에서 제주도에서 추천한 서귀포는 12위, 한라산은 21위에 머물렀다.[32] 상주인구의 규모 면으로는 서울과 부산, 경기도보다 상당히 작은 전북과 전남에서 추천한 관광지가 상위를 휩쓴 것은 애향심의 발로 때문일 것이다. 이런 점만 놓고 보면 8대 관광지 선정 인기투표를 연례행사화하면 숨겨진 관광명소를 타인에

---

31) 제주신문(1964. 12. 31). 「관광투표 오늘로 마감, 예상투표수 80여 만 표」.
32) 제주신문(1965. 3. 20). 「유명관광지 전멸, 서귀 12위 한라산 21위」.

게 소개하고자 하는 애초 의도보다는 자칫 지역 세대결의 양상으로 변질될 우려도 제기될 수 있었다.

제주신문사에서 뒤늦게나마 8대 관광지 선정 인기투표를 사회적 의제로 설정한 배경으로는 일차적으로 관광홍보 효과를 기대한 것이겠지만 신문사에서 밝힌 것처럼 일제강점기 시절의 조선팔경(朝鮮八景) 중 한라산이 1위로 선정된 역사도 영향을 미친 것으로 보인다. 조선팔경 선정 행사는 1931년 6월에 6대 조선총독으로 부임한 우가키 가즈시게(宇垣一成)가 조선이라는 알뜰한 식민지를 만들어 준 그들의 선대들에게 감사를 표하면서 동시에 자신의 개발치적도 홍보할 목적으로 진행한 것이다. 그래서 조선통치 25주년이 되는 1934년 8월 29일을 기해 식민지 조선에서 경치가 가장 아름다운 명승지 몇 곳을 골라 대내외로 홍보하는 과정을 일본 오사카 소재의 대판매일신문사에서 일임하도록 하였다. 대판매일신문사는 일본 전국과 조선 13도에서 우편엽서를 통해 조선 8도 명승지에 대한 인기투표를 실시하였는데 총 34,389,931표가 응모하였다.[33] 그런데 투표 집계 결과 한라산이 대망의 1위를 차지한 것이다.

조선팔경 선정 인기투표에 참여한 3천 4백만여 표 중에서 한라산이 1위를 차지한 것은 매우 놀랄 만한 일이다. 추측하건대 인기투표 선정을 주도한 신문사 소재지가 당시 조선이 아니라 일본 현지라는 점에서 투표 참여자의 대다수가 일본인이었을 것이다. 또한 대판매일신문사의 소재지인 오사카는 제주도에서 일본으로 건너간 도민이 모여 사는 최대 규모의 거주지역이라는 점도 영향을 미쳤을 것이다. 당

---

33) 동아일보(1992. 9. 22), 「한려수도 임진수도로 개칭하자」.

시 조선의 문물을 잘 모르는 일본인을 대상으로 재일 제주도민이 기왕이면 한라산 투표를 적극적으로 장려한 운동의 결과인지도 모른다. 지금 돌이켜 봐도 일본인이 주도한 3천 4백만 표에서 한라산이 1등을 차지한 것은 놀랍기도 하지만 자랑스러운 일이다.

　일반인의 인기투표로 관광지를 선정하는 방식은 1934년의 조선팔경 선정 이전에도 시행된 바 있었다. 조선 철도국에서는 관광객 유치를 위해 각 지방의 명승을 조사한 후 투표한 결과 42곳을 선정하기도 하였다.[34] 철도국에서 조사한 관계로 42곳의 명승지에 한라산은 포함되지 않았지만 호남선 안내소개에는 철도 노선이 없는 제주도 한라산이 포함되어 있었다. 당시 목포에서 제주도까지는 조선기선회사의 기선이 매일 운항하고 있었고, 전라선 종착지 여수에서도 황양기선회사의 배를 이용할 수 있었기 때문으로 보인다.[35]

　1965년도의 8대 관광지 선정에서 제주도에서 추천한 2개 관광지는 탈락하였다. 당시 제주도 당국과 제주도관광협회에서는 안이하게 대처하다가 뒤늦게 온 힘을 다했지만 체계적으로 대응하기에는 시간이 부족하였다. 그런데 2008년 7월에 설립된 제주도관광공사에서는 新불가사의재단(New Seven Wonders of the World)이 주도하고 있는 '7대 자연경관'으로 선정되기 위한 인기투표 참여 독려를 역점사업으로 추진하고 있다. 기존 관광지 선정 인기투표가 국내용이었다면 新불가사의재단에서 추진하는 7대 자연경관 인기투표는 쟁쟁한 국제적 명소들을 대상으로 한다는 점을 높게 평가할 수 있다. 그러나 7대 자연경관 선정에 앞서 실시한 新7대 불가사의 최종선정과정에서의 공정성

---

34) 국사편찬위원회(2008). 『여행과 관광으로 본 근대』, p.110.
35) 국사편찬위원회(2008). 『여행과 관광으로 본 근대』, p.95.

과 객관성에 대한 비판이 제기되어 新불가사의재단은 상당한 타격을
받고 있다. 따라서 7대 자연경관으로 최종 선정된 명소가 또다시 공
정성 시비가 재연된다면 제주도가 선정된다고 가정해도 기대만큼의
홍보효과는 거두기 어려울 것이다.

PATA 총회에 참석할 외국 관광객 환영 준비

1965년 3월 29일에 서울에서 개막되는 제14차 태평양지역관광협회
(PATA) 총회 개최를 앞두고 제주도에서도 외국 손님맞이를 위한 사
전준비를 하게 되었다. 대표적인 손님맞이 준비로는 제주공항과 관덕
정에 환영 플래카드를 설치하고 관광지 미화를 위해 꽃 심기 운동,
그리고 도로 연변의 인분(人糞) 시비 및 인분마차의 시가지 내왕을 금
지하는 조치가 시행되었다.[36]

제14차 PATA 총회를 대비한 제주도의 조치 중에서 인분마차의 시
가지 내왕 금지를 제외하면 현시점에서도 반복되고 있다. 제주국제공
항 입구와 제주시 주요 도로에는 대형 환영 아치와 플래카드가 내걸
리고, 도로변을 꽃으로 미화하는 것도 여전히 마찬가지다. 또한 2009
년의 한·아세안 정상회의 개최기간 중 축산분뇨 악취 발생을 원천
봉쇄하기 위해 축산농가에 제주도 공무원이 파견되었다.[37] 2010년의
한·중·일 정상회담의 개최 2주 전후에는 액비살포를 금지하는 조치

---

36) 제주신문(1965. 3. 14). 「PATA 관광단 내달 초 방도」.
37) 제주일보(2009. 5. 28). 「道 축산분뇨 냄새 제거 팔을 걷어붙였다」.

가 취해지기도 했다.[38] 그런데 1965년의 PATA 총회를 앞두고 외국 손님맞이를 위해 도로변에 인분 또는 액비 살포를 금지한 조치는 새삼스러운 것이 아니다. 1964년 도쿄 올림픽을 앞두고 10월 한 달간 서울시 주요 도로변 경작지에 분뇨 살포를 금지한 전례가 있기도 했다.[39]

아시아태평양관광협회(Pacific Asia Travel Association)는 아시아·태평양 지역 관광업 종사자의 제창에 의해 1951년에 설립되어 동 지역 관광산업 발전을 도모하기 위한 관광공사 중심의 민관합동 국제기구로서 샌프란시스코에 본부를 두고 있다. 우리나라가 유치에 성공한 1965년의 제14차 연차총회는 당시로서 가장 규모가 큰 국제회의로 평가되고 있다.

아시아태평양관광협회 연차총회의 개막식에 참석한 박정희 대통령이 환영사를 낭독한 점은 관광산업 육성의지를 대내외에 표방한 것으로 볼 수 있다. 일본의 식민지배로 인해 자주적 근대화에 실패하고 설상가상으로 한국전쟁의 여파로 인해 기존 시설물마저 파괴된 상황에서 경제재건에 소요되는 자본을 조달하는 가장 손쉬운 방편으로 국제적으로 관광산업 육성이 제기되던 시기였다. 특히 2차 세계대전 종전 이후 독립을 선언한 아프리카 신생국가들이 관광산업 육성을 만병통치약(panacea)으로 간주하던 것과 맥락을 같이한다고도 볼 수 있다.

관광산업 육성에 지대한 관심을 기울인 박정희 대통령의 의도는 외화벌이라는 경제적 효과를 염두에 둔 것이겠지만 또 다른 관점에서는 군사정변으로 집권한 독재이미지를 희석하고자 하는 의도가 개

---

38) 제주일보(2010. 5. 20), 「한중일 정상회담 전후 2주 액비 살포 금지」.
39) 경향신문(1964. 9. 30), 「동경 올림픽을 앞두고 관광 코리어의 채점표」.

입된 것으로 볼 수 있다. 1965년에 필리핀 대통령으로 당선되었지만 1972년에 계엄령을 선포한 후 헌법을 개정하여 독재자로 돌변한 마르코스는 자신과 국가이미지 희석을 위해 각종 국제대회를 유치하는 등, 관광산업 육성에 매진하였다.[40] 이런 점에서 1972년 10월 17일에 계엄령을 선포한 후 11월 20일에 거행된 국민투표에서 대통령의 임기·선거제도·법을 모두 수정하는 헌법수정안, 즉 유신헌법을 통과시킨 박정희 대통령의 행동은 필리핀 마르코스 대통령을 연상시킨다.[41]

현시점까지 우리나라에서 개최된 PATA 총회 현황은 1965년의 제14차 연차총회를 포함하여 총 4회인데, 마지막으로 개최된 2004년의 제53차 총회 개최지는 제주도이다. 그런데 40여 년 전 서울에서 개최된 PATA 총회에서 배포된 지도에 제주도가 일본어 '사이슈'로 기재되어 있어 마치 일본 영토인 것처럼 잘못 소개된 사건이 있었다. PATA 전무이사가 선전용으로 배포한 이 지도는 총회 개최 5년 전에 발행된 랜드 멕나리社의 지도를 원본으로 인쇄되어 지난 5년간 상당수가 세계 각지로 배포된 관계로 제주도가 일본 영토로 오인될 수밖에 없었을 것이다.[42] 이런 점에서 2004년에 제주에서 개최된 PATA 총회는 여러모로 제주관광의 새 전기를 마련한 국제회의로 평가할 수 있다.

---

40) Hall(1994). *Tourism and Politics: Policy, Power, and Place*, p.85.
41) 임계순(2002). 『중국인이 바라본 한국』, p.38.
42) 동아일보(1965. 3. 23). 「즉각 정정 요구」.

야간착륙이 불가능했던 제주 비행장

1965년 5월 20일에 대구비행장을 이륙하여 제주비행장에 오후 4시 40분경에 도착 예정이었던 KAL소속 F27기가 기상관계로 인해 밤 8시 경에서야 제주상공에 다다랐지만 제주비행장에 야간착륙시설이 설치되어 있지 않아 결국 체공 5시간 만에 대구비행장으로 회항하는 사건이 벌어졌다.[43] 1965년 5월 20일의 제주도의 날씨는 비가 오다가 잠시 갠 후 번개가 친 것으로 관측된 걸 보면 봄철에 자주 나타나는 윈드시어(wind shear) 현상이 나타난 것으로 보인다.[44] 윈드시어란 활주로 지상 3~4m의 바람과 상층부인 500~1,000m 고도에서 부는 바람이 풍향과 풍속에서 큰 차이를 보이는 상태인데, 윈드시어 상태에서는 예측할 수 없는 국지돌풍이 발생하여 항공기 이착륙이 극히 위험하다고 한다.[45]

당시 제주비행장에는 관제탑이 설치되어 있었지만 야간에 항공기 착륙을 유도하는 지상유도장치(CGA)와 어프로치 라이트 등의 시설이 구비되어 있지 않아 조종사의 시계비행에 의존해야 하는 위험이 상존했던 것이다. KAL소속 F27기가 제주상공에 도착한 밤 8시경은 5월 중순인 점을 감안하면 시계비행이 불가능한 상황이었을 것이다. 지금도 제주상공을 맴돌다가 결국 회항하는 경우도 있기는 하지만 대부분 윈드시어 경보 또는 갑작스럽게 발생한 안개가 원인이지, 본 사건처럼 야간착륙시설의 미비처럼 공항안전시설로 인한 회항은 거의 없

---

43) 제주신문(1965. 5. 25). 「왜 夜着시설 않나, KAL기 5시간 체공 계기로 여론 일어」.

44) 기상청 홈페이지(http://www.kma.go.kr). 제주청 일별자료 참고.

45) 중앙일보(2006. 4. 5). 「제주공항 9시간 스톱」.

다고 해도 무방할 것이다.

제주상공에서 체공하다 회항한 KAL소속 F27기가 당시로서는 첨단 항공기로 볼 수 있다. 포커 F27 프랜드십(Fokker F27 Friendship)이 정식 명칭인 F27기는 미국 더글러스社의 DC-3기를 대체하고자 네덜란드에서 개발한 터보 프롭 항공기이다. F27기를 개발한 네덜란드 포커社는 미국 항공기 제작업체인 페어차일드社(Fairchild)와 라이선스 계약을 맺어 미국에서 생산한 최초의 F27기가 1958년에 선보이게 된다.[46] 대한항공은 1964년 1월 23일에 F27-200 1호기를 도입하고 동년 2월 4일에 F27-200 2호기를 차관으로 도입하였다.[47] 이런 점에서 제주상공에서 5시간을 체공한 항공기는 당시로서는 대한항공의 차세대 주력기였을 것이다.

현재의 제주국제공항은 주야를 막론하고 이착륙이 가능한 전천후 공항이다. 야간착륙에 필요한 시설 미비로 5시간이나 제주상공을 체공하다 회항하는 사태는 더 이상 발생하지 않을 것이다. 현재 제주국제공항이 안고 있는 고민은 항공소음으로 인해 밤 10시 이후의 이착륙이 허용되지 않아 외국 항공노선 유치가 쉽지 않다는 점이다. 지난 2002년에는 밤 11시부터 새벽 4시 사이에 제주국제공항과 하네다 노선을 운항하는 항공노선이 운영되었지만 숙면을 방해하는 소음문제로 인해 노선이 폐쇄된 바 있다. 도심에 위치한 현재의 제주국제공항은 구조적으로 24시간 이착륙이 가능한 공항이 되기는 어려운 관계로 이런 문제점이 해소되는 입지에 신공항 건설을 추진하고 있다. 그러나 제주도의 열악한 도세(道勢)로는 번번이 좌절되고 있는바, 제주

---

46) 위키피디아 홈페이지(http://www.wikipedia.org). Fokker F27 참고.
47) 항공정보포탈시스템(http://www.airportal.co.kr). 연도별 항공일지 참고.

도를 방문하는 연 600만 명의 관광객을 대상으로 신공항 건설논리를 납득시켜 대다수 국민을 우군으로 만드는 방안도 고려해 볼 만하다.

관광객에 환영 리본 달아 주기

제주도관광협회는 1965년 6월 1일부터 노란색 바탕에 '환영 제주 관광'이라고 기재된 리본을 관광객에게 일일이 달아 주는 행사를 시작했다고 한다.[48] 당시만 해도 제주도를 방문하는 관광객이 많지 않았으므로 실천에 옮길 수 있었을 것이다.

관광객이라면 한 번쯤은 관광목적지에 도착한 직후 현지주민으로부터 따스한 환영을 받는 장면을 상상해 보았을 것이다. 이런 맥락에서 보면 제주도에 도착하자마자 관광협회 소속 종사자가 따스한 미소를 머금고 리본을 달아 준다면 기대 이상의 관광 일정이 될 것이라고 확신했었을 것이다. 그러나 관광객에게 꽃목걸이를 걸어주는 영화 속 장면이 떠오른다면 제주도관광협회에서 달아 준 리본은 비교대상이 될 수도 있었을 것이다.

관광객이 착용한 상의에 달린 노란색 리본의 시각적 가시성으로 인해 어디서나 관광객이라고 특정 지어진다. 카메라가 희귀한 사치품이었던 당시 상황을 감안하면 전형적인 관광객이라고 특징지을 수 있는 요소가 카메라 또는 선글라스는 아니었을 것이다. 이런 정황을 감안하면 리본을 달아줌으로써 관광객이라는 이름을 얻게 되었을 것이다.

---

48) 제주신문(1965. 6. 1). 「관광객에 리본, 1일부터 관광협회서」.

일반적으로 리본은 스스로 다는 것이지 타인이 달아 주지는 않을 것이다. 노란색 바탕의 '환영 제주관광' 리본은 제주도관광협회 종사자의 상의에 달려 있는 편이 나았을 것이다. 제주도에 도착한 관광객으로서는 '환영 제주관광'이라는 리본을 패용한 사람을 보게 되면 일단 환대를 받을 수 있음을 기대할 것이다. 관광객으로서는 상의에 노란 리본을 착용해서 마주치는 현지주민으로부터 불필요한 시선을 받는 존재가 되기보다는 노란색 리본을 착용한 제주도민을 찾는 상황을 바랐을 것이다. 또한 리본 달아 주기는 관광객이 증가하면 용도 폐기될 수밖에 없다는 점에서 지속 가능한 환영의례가 될 수 없었을 것이다. 그럼에도 불구하고 제주도를 방문한 관광객에게 제주도민의 따스한 마음을 전달해 주고자 했다는 점에서 리본 달아 주기의 정신은 되새겨야 할 것이다.

관광 온 학생과 지역 학생 간의 불상사

관광이란 친숙한 일상거주지를 일시적으로 벗어나서 되돌아가는 행위이다. 그런데 정형화된 일상생활에서 일시적이나마 이탈하는 행위는 불안과 흥분을 동시에 체험할 수 있다. 불안이 지배한다면 수속 전반과 관광일정을 여행사에 일임함으로써 돌발변수를 최대한 통제하고자 하지만, 흥분을 즐기는 관광객이라면 다소간의 위험을 일종의 관광프로그램의 일환으로 감수하고자 한다. 1960년대 중반의 제주도에서 한라산 등반을 제외하고는 특별히 위험하다고 분류되는 관광활동을 거의 찾아볼 수 없었다. 따라서 제주도에서의 관광활동은 관광객의 성향에 따라 무미건조하게 느껴질 수 있었을 터인데, 활동력이 왕성한 학생 관광객이라면 관광가이드의 인솔에 따라 전세버스로 정형화된 관광지를 순례하는 관광활동은 따분했을지도 모른다.

고등학교의 수학여행이라든지 대학교의 단체관광은 집단으로 움직이는 관광객이다. 이들은 인솔교사 또는 인솔교수의 지시에 순응하지만 집단 정체성이 위험하다고 판단하면 개인적 이성은 상실되고 집단적 야성을 분출하기도 한다. 전세버스에 실린 채 정해진 관광지를 방문하는 행동에 진저리를 느꼈다면 아주 사소한 계기로 인해 활화산마냥 분노가 분출될 수도 있었을 것이다. 더구나 1960년대 중반에 제주도로 놀러 온 학생 관광객이 은연중 제주도 학생을 깔보는 심정을 느끼고, 역으로 제주도 학생 관점에서 관광 온 학생 관광객의 과시행동을 못마땅하게 느꼈다면 두 집단 간의 충돌은 예정된 수순이었을지도 모른다.

제주도 학생과 관광 온 학생 관광단은 '학생'이라는 동질감을 느끼겠지만 이로 인해 이질감이 심화될 수 있었다. 같은 학생이지만 서로 다른 일상영역에서 살아왔기에 사소한 차이가 발생하면 이해하려는 노력보다는 이것을 계기로 자기 집단의 정체성을 강화하는 단서로 해석하면 충돌은 불가피했을 것이다. 1965년 5월에 발생한 제주도 대학생과 관광 온 대학생 간 패싸움의 발단은 술자리에 합석한 제주도 대학생의 술주정으로부터 시작되었다. "제주도에서 깡통클럽을 모르는 사람이 없다"라고 외친 제주도 대학생으로부터 신체적 위협을 느꼈다고 판단한 것인지, 아니면 비웃다가 이에 발끈한 제주도 대학생이 싸움을 걸었는지도 모른다. 당시 1명의 인솔교수와 18명의 육지

대학생의 술자리에 뒤늦게 합석한 제주도 대학생은 불과 3명이었다.[49] 수적으로 중과부적인 상황에서 "제주도에서 깡통클럽을 모르는 사람이 없다"라고 상대를 자극하는 발언은 육지 대학생들의 은연중 제주도를 무시하는 태도에 발끈한 허장성세였을지도 모른다.

제주도 학생과 육지로부터 관광 온 학생 간의 충돌은 새삼스러운 일이 아니다. 1965년 10월에는 제주도 고교생들이 수학여행단과 집단 패싸움을 벌여 10명이 중경상을 당하는 사건이 발생하였다. 사건의 발단은 결혼축하 잔치에서 술을 마신 후 귀가하던 제주도 고교생과 수학여행 온 고교생 간의 사소한 시비가 집단 난투극이 된 것이다. 사소한 시비의 내용은 알려지지 않았지만 육지 고교생이 폭행당하자 인근에 있던 육지의 타 고교생들도 합세하여 '제주 학생 대 육지 학생' 간의 대규모 패싸움으로 확산되자 싸움을 말리러 온 주민과 출동한 경찰로 인해 한동안 일대 교통이 마비되는 큰 혼란이 발생하였다고 한다.[50] 당시 수학여행 온 경주 모 고등학교 인솔교사는 관광객 출입이 빈번한 경주에서는 계몽이 잘되어 있어 이런 사건은 발생하지 않는다면서 후속조치를 요구하였다고 한다. 경주에서도 수학여행 온 학생들의 패싸움이 없었던 것은 아니지만 금번처럼 지역 학생과 외지 학생 간의 대규모 패싸움은 거의 없었던 것으로 보인다.[51]

경주 모 고등학교 인솔교사의 따끔한 지적의 영향인지 금번 사건 이후로는 제주도 학생과 수학여행 온 학생 간의 집단 난투극은 거의 발생하지 않았다. 그렇다고 제주도에서 학생 간 패싸움이 완전히 사

---

49) 제주신문(1965. 6. 2). 「관광학생과 패싸움, 함께 술 마시던 제대생들」.
50) 제주신문(1965. 10. 29). 「관광학생 때려 패싸움, 10명 중경상」.
51) 경향신문(1963. 10. 25). 「학생들 집단싸움」.

라진 것은 아니고 수학여행단 간의 패싸움으로 양상이 달라졌다. 예를 들어 1965년 11월에는 정방폭포의 계단에서 내려가는 학생과 올라가는 학생 간에 어깨가 스친 게 발단이 되어 수학여행 온 학생 간에 투석전이 전개되어 6명이 중경상을 입는 사건이 발생하였다.[52] 이처럼 수학여행 온 학생끼리의 패싸움은 간헐적이지만 여전히 발생하고 있다.[53] 그러나 제주도 학생과 수학여행 온 학생 간의 충돌은 사실상 소멸되었다고 선포해도 될 듯하다.

제주시관광7개년 계획, 한라산 중산간의 관광지화

1965년 9월에 제주시는 한라산 일대를 관광지로 조성하려는 제주시관광7개년 계획을 완성하여 제주도에 승인을 요청하였다. 본 계획에 의하면 한라산 중산간에 소재한 사찰인 관음사, 당시 미착공 상태였지만 현재는 제주도 수자원 저수지인 어승생, 그리고 현재 람사르습지로 지정된 물장오리 일대 등에 산장호텔을, 현재 KBS송신소가 들어선 개월오름에 50만 평 규모의 골프장, 그리고 2만 5천 평의 물장오리 일대에 낚시터와 보트계류장을 조성하도록 되어 있었다.[54]

제주시관광7개년 계획의 역점사업 중 가장 먼저 실현된 사업은 개월오름 인근 43만여 평에 조성된 제주도 최초의 골프장으로 인정받는 제주컨트리클럽이다. 1966년에 개장한 제주컨트리클럽은 각 홀마

---

52) 제주신문(1965. 11. 14). 「관광학생들 투석전, 정방폭포 계단서 어깨 스친 게 발단」.

53) 제주일보(2010. 4. 27). 「제주로 수학여행 오던 고등학생 여객선에서 패싸움」.

54) 제주신문(1965. 9. 23). 「제주시관광7개년계획성안, 한라산 허리를 관광지화」.

다 사계절 각양각색으로 변하는 한라산의 변화무쌍한 모습을 그대로 반영하고자 자연지형 그대로의 기복(undulation)을 최대한 이용하여 코스가 설계되었다고 한다. 제주컨트리클럽은 국내 최초의 프로골프 선수였던 연덕춘이 설계하였다.

제주컨트리클럽이 들어선 개월오름의 표고는 743m이고 둘레는 3,504m, 총 면적이 64만 913㎡의 기생화산으로 말굽 형태의 분화구가 있다. 오름 모양이 개오리(가오리의 제주어 표현)와 닮았다고 해서 개오리 또는 개월오름이라는 명칭을 갖고 있는데, 바로 지척의 오름인 샛개오리오름과 족은개오리오름이 합쳐진 복합형 화산체를 총칭할 때에 견월악이라고 부른다고 한다. 견월악(犬月岳)이란 개가 달을 보고 짖는 형상이라는 뜻이다.

제주시관광7개년 계획의 또 다른 역점사업은 산장호텔을 건립하는 것이다. 그런데 1967년 5월에 산천단에 건립된 모텔은 시설 자체가 주변 환경과 어울리지 않아 완공 후 수개월째 방치된 상태이며, 산천단에 건립된 산장은 당초 의도와는 달리 관광객을 위한 숙박시설이 아니라 제주사회의 특수계층을 대상으로 한 술집으로 변질되었다고 한다.[55]

산천단은 조선 성종 1년(1470)에 제주 목사로 부임한 이약동이 한라산 산신제를 올릴 수 있는 제단을 조성하면서 유래된 것이다. 한라산 산신제는 고려시절부터 한라산 정상부근의 해발 1,200m의 개미목에서 매년 2월 행해졌는데, 제물을 지게에 지고 눈에 덮인 한라산 정상 인근까지 가야 했던 백성의 고초를 경감할 의도에서 제주 목사 이약동이 해발 500m 지점에 산신제를 올릴 수 있도록 산천단을 조성한 것이다.

---

55) 제주신문(1967. 11. 23). 「빛나간 관광객유치, 모텔은 死藏 산장은 술집으로」.

산천단에는 1964년에 천연기념물 160호로 지정된 곰솔나무가 있는데, 가장 오래된 곰솔나무는 수령이 500~600년 이상이라고 한다. 산천단의 곰솔은 국내에서 가장 큰 해송이자 가장 오래된 노송이지만 최근에는 생육상태가 위험하다고 판정되면서 곰솔을 살리기 위한 노력이 경주되고 있다. 우선 곰솔 주변에 자생하는 팽나무 등 81그루를 베어내고 무엇보다도 최대 50m까지 뻗은 것으로 추정되는 뿌리 주변에 차량과 사람의 통행을 위해 포장한 아스팔트를 걷어내고 화산토인 송이로 대체하였다.[56] 1470년에 제주 목사 이약동이 산천단을 조성한 장면을 목격했을 수령 500~600년의 곰솔나무가 수령 1,000년이 될 때까지 건강히 유지되도록 전력을 다하는 것은 당연한 일이라며 전 제주도민이 공감할 것이다.

산천단 곰솔이 심각한 위기에 처한 까닭은 노쇠의 여파이기도 하지만 또 다른 한편으로는 뿌리 주변에 차량통행이 가능한 아스팔트의 포장처럼 무분별한 환경훼손의 영향도 클 것이다. 특히 일제강점기에 관동군이 중국 등지에서 약탈한 막대한 양의 금괴와 골동품이 당시 일본군 제58군의 주둔지였던 산천단 일대에 은닉되었다는 소문이 끊이지 않으면서 1983년부터 6차례나 보물탐사를 위해 곰솔 주변이 파헤쳐졌다.[57] 다행히 문화재위원회에서는 곰솔 보호를 위해 추가 발굴은 더 이상 허가하지 않겠다는 결정을 내렸기 때문에 산천단의 곰솔을 위협하는 인간의 손길이 뻗히는 것은 막을 수 있을 것이다.

골프장 조성과 산장호텔의 조성은 계획대로 추진되었지만 후자인 산장호텔은 실패작으로 판명되었다. 그러나 제주시관광7개년 계획의

---

56) 제주일보(2009. 7. 6). 「수령 500년 노쇠한 산천단 곰솔 살리기 나선다」.
57) 제주일보(2005. 6. 9). 「산천단에 일본군이 숨겨둔 금괴 있을까?」

하이라이트라고 할 수 있는 물장오리에 낚시터와 보트장을 조성하는 계획은 실현되지 않았다. 물장오리는 해발 900~937m에 있는 산정 화구호로서 보전가치가 높은 생태적 적소(ecological niche)로 손색이 없다. 이러한 가치를 인정받아 물장오리 습지는 2008년 10월 13일에 람사르 습지로 지정되어 보호되고 있다. 만약 제주시관광7개년 계획안대로 낚시터가 조성되고 아마도 오리보트를 타는 커플들이 호수를 누비고 다녔더라면 람사르 습지로 지정되지 않았을 것이다. 1965년에 마련된 낚시터와 보트계류장 조성계획은 실현되지 않았지만 1973년에는 스케이트와 아이스하키를 즐길 수 있는 시설을 구비해야 한다는 설득력 있는 주장도 제기된 바 있었다.[58] 결과론적이지만 만약 물장오리 습지 일원이 인위적인 관광지로 조성되었다면 제주도가 국내 최초의 유네스코 세계자연유산으로 지정되기 어려웠을지도 모른다.

항공기 출발 7분 늦춘 공항 소동의 전말

1965년 9월 26일에 제주비행장에서는 여행사 직원과 호텔 직원 간에 대판 싸움이 벌어져 이 여파로 인해 항공기가 예정보다 7분 늦게 이륙하는 사건이 있었다. 제주도 관광을 마치고 막 비행기에 오르려는 찰나에 제주도 K호텔 직원이 탑승객을 가로막고 인솔하던 서울소재 K여행사 직원과 실랑이를 벌인 것이다.[59] 엄격한 항공보안 절차

---

58) 제주신문(1973. 2. 13). 「본도서도 스케이트 할 수 있다, 물장오리 적지」.
59) 제주신문(1965. 9. 27). 「관광망신 공항싸움, 여객기출발 7분 늦춰」.

가 준수되고 있는 지금에는 항공기 탑승계단에서 항공권을 소지하지 않은 호텔직원이 들어와서 소동을 일으키는 상황을 상상하기 어려울 것이다. 관계자의 허락이 있어야 통행할 수 있는 보안구역이 설정되어 있었지만 당시만 해도 도착 환영객 및 출발 전송객, 그리고 어린이들도 멋대로 드나드는 일이 비일비재했다고 한다.[60]

제주도의 K호텔 직원이 관광객의 항공기 탑승을 가로막고 인솔자인 K여행사 직원과 대판 싸움을 벌인 연유는 8,000원의 숙박비를 지불하지 않았기 때문이었다. 숙박비를 지불하지 않고 호텔을 떠난 후 제주비행장에서 수모를 당한 K여행사 관계자에 의하면 착오에서 발생한 단순실수로 부끄럽게 생각한다는 소회를 밝혔다고 한다. 여행전문가로서 기본적인 숙박비 정산을 확인하지 않은 행위가 부끄럽기도 했겠지만 인솔한 미국인 관광객 면전에서 항공기 탑승 직전에 K호텔 직원에게 목까지 잡히는 것도 심히 부끄러웠을지 모른다.

항공기 탑승계단에서 소동이 벌어지다 보니 해당 항공기는 출발시간을 7분이나 연기한 후 이륙했다고 한다. 항공기 기장이 예정된 시각에 이륙하지 않은 까닭은 탑승객이 내국인 관광객이 아니라 미국인 관광객이라는 점도 감안하였을지도 모른다. 경위야 어떻든 간에 항공기가 탑승객 사정으로 제 시간에 이륙하지 못하는 사건은 극히 이례적이다. 정반대로 항공사 사정으로 늦게 출발하거나 또는 예정보다 이른 시간에 이륙하는 상황은 지금도 심심찮게 목도할 수 있지만 탑승객 사정으로 항공기 이착륙 시간이 변경되는 상황은 기대하기 어려울 것이다.

---

60) 제주신문(1965. 10. 14). 「공항관리 등 말 아니, 안내센터도 제구실 못 해」.

관광객 전세차로 빼앗긴 도민의 발 정기버스

1965년 10월 당시에 제주도에는 신진관광 소유의 10대와 한일여객의 2대를 포함하여 총 12대의 관광전세버스가 운영되고 있었다. 지금이야 안락한 공간을 제공하는 프리미엄 전세버스도 운행되고 있지만 당시의 일반적인 전세버스의 제작목적은 안락함보다는 탑승인원을 배가시키는 것이었다. 따라서 45인승 관광전세버스가 대세였는데, 그럼에도 총 12대의 관광전세버스가 수송할 수 있는 최대 동시탑승인원은 540여 명 안팎에 불과하였다.

제주비행장에 취항하던 주력 기종인 F27기의 수송정원은 44명 내외이고, 뒤이어 취항한 DC-4기의 수송정원은 70명 정도이다.[61] 당시 제주와 개설된 주요 항공노선은 한 달에 56편의 부산경유 서울행, 12편의 광주경유 서울행, 그리고 32편의 서울직행노선이 있었다.[62] 따라서 당시로서는 제주비행장에 도착하는 항공기가 하루 평균 5~6대 안팎이라면 대략 300여 명의 관광객이 항공기를 이용하여 제주비행장에 도착한 것으로 볼 수 있다. 또한 제주항과 부산을 왕래하던 도라지호의 정원은 502명이었고,[63] 서귀포항과 부산을 왕래하던 남영호의 정원은 302명이었다.[64] 따라서 항공기보다는 선박으로 입도한 관광객 비율이 높았던 당시를 감안하면 동시 최대수송력이 540여 명에 불과한 12대의 관광전세버스로는 모든 관광객에게 차량편의를

---

61) 제주신문(1968. 8. 13). 「바캉스 절정, KAL서도 즐거운 비명」.
62) 제주신문(1964. 8. 18). 「대한항공 노선 광고」.
63) 제주신문(1967. 1. 26). 「도라지호 광고」.
64) 제주신문(1967. 4. 23). 「남영호 광고」.

제공해 줄 수 없었을 것이다.

1960년대 중반에 제주도에 도착한 관광객이 선택할 수 있는 교통수단은 사실상 관광전세버스로 한정할 수 있다. 일부 부유층이라든지 추후 신혼관광객은 택시를 대절하기도 하였지만 일반적인 이동수단은 관광전세버스이다. 그래서 사전에 관광전세버스 이용을 예약하지 않은 단체관광객이 제주도에 몰려오면 대체이동수단이 없던 당시로서는 제주도에서 운행하고 있는 일반 정기버스를 내줄 수밖에 없었던 것이다. 12대의 관광전세버스 이외에 단체관광객 수송을 위해 2대의 예비버스와 3대의 정기버스를 포함하여 평균 5대 안팎의 일반 정기버스가 전세버스로 전용되었다.[65]

2대의 예비버스를 제외하면 관광전세버스로 대체된 일반 정기버스의 수는 3대에 불과하지만 제주도민은 큰 피해를 감수할 수밖에 없었다. 3대의 정기버스가 전세버스로 전용되면 대체할 차량이 없는 관계로 3개의 버스노선이 결행된 것이다. 제주도민의 불편을 최소화해야 하므로 결행된 3개의 버스노선은 평상시 이용객이 많지 않은 오지 마을을 연결하는 버스일 것이라고 유추할 수 있다면 결행된 버스노선을 이용하던 제주도민은 불편이 아니라 피해를 당한 것으로 볼 수 있다. 더구나 단체관광객은 주로 주말과 휴일에 제주도에 내려왔으므로 정기버스노선의 결행도 주말과 휴일에 집중되었을 것이다. 따라서 오지 마을에 거주하는 제주도민으로서는 도회지 나들이가 쉽지 않았을 것이다.

제주도를 방문한 관광유형이 과거의 단체에서 개별 관광객 집단으

---

65) 제주신문(1965. 10. 27). 「결행 잦은 정기버스, 관광전세차로 빼앗겨」.

로 변화하면서 관광전세버스의 수송비중은 감소하고 있다. 개별 관광객이 선호하는 교통수단은 렌터카이고, 제주올레 등지의 탐방로 체험을 중시하는 관광객은 일반 정기버스를 이용하면서 관광전세버스의 비중은 감소하고 있는 것이다. 40여 년 전처럼 제주도민에게 심각한 불편을 안겨 주면서 정기버스를 관광전세버스로 전용하는 상황은 발생하기 어려울 것이다. 물론 1만 명 이상이 참석하는 대규모 국제회의가 개최된다면 현재의 관광전세버스의 수용능력으로는 역부족이겠지만 이런 상황이 예고된다면 사전에 육지로부터 관광전세버스를 확보할 것이다.

6월을 '관광제주 조성의 달'로 지정

제주도는 관광산업을 육성할 목적으로 1966년 6월을 '관광제주 조성의 달'로 지정하였다. 이 행사의 내용은 주로 관광객 수용태세를 정비하고, 관광객을 유인할 갖가지 이벤트를 개최하고, 단체관광객을 알선하는 육지부 여행사와 시도 관광협회에 홍보용 팸플릿을 우송하는 방안으로 구성되어 있었다.[66] 이러한 관광객 유인대책은 시대적 흐름을 반영한 변화를 제외하면 골격은 그대로 유지되고 있다.

관광객 수용태세의 정비는 크게 물리적인 환경정비 및 종사원 서비스의 개선방안을 강조하고 있다. 시내 주요 곳곳에 환영 아치를 설치한다든지 거리청소와 관광지 미화는 현시점에서도 빠짐없이 등장

---

66) 제주신문(1966. 5. 28). 「갖가지 행사로 관광무드 促成, 6월을 관광제주조성의 달로」.

하는 단골메뉴라고 할 수 있다. 다만 환영아치의 규모라든지 거리미화를 위한 꽃길 조성 등에 소요되는 비용이 부쩍 증가했을 뿐이다. 관광종사원의 서비스 개선을 위한 노력도 예나 지금이나 달라진 것은 거의 없다. 지금은 제주도관광협회 주관으로 매달마다 친절한 서비스를 제공하는 관광인을 선정하여 시상하는 '베스트 관광인'제도를 운영하고 있다는 점이 발전된 모습일 것이다.

관광객을 유인하고자 계획한 갖가지 이벤트로는 민속경연과 골프, 등산, 낚시대회, 잠수대회 등이다. 이 중에서 골프는 소위 특정계층을 겨냥한 차별화된 초고가 관광 상품의 원조라고 해도 무방할 듯하다. 1966년 4월 2일에 개장한 제주컨트리클럽은 제주도 최초의 골프장이면서 당시로서는 최상의 골프코스라고 해도 과언이 아니다. 1964년에 국내 첫 민간자본으로 조성된 한양컨트리클럽이 개장하기 이전의 국내 골프여건은 1930년에 완공된 군자리 골프코스를 제외하면 변변한 골프장조차 없었기 때문이었다.

영친왕이 내놓은 30만 평의 토지에 조성된 군자리 골프장은 2차 세계대전이 격화되자 일제 군용기 훈련장으로 이용되면서 파괴된 것을 1950년 5월에 이승만 대통령의 지시로 복원되었다. 당시 미군들이 한국에 골프장이 없어 휴일이면 오키나와까지 가서 골프를 즐긴다는 소식을 들은 이승만 대통령은 국가안보를 위해 군자리 골프장 복원을 결정했다는 비화가 있다. 가까스로 복원된 군자리 골프장은 불과 한 달 후에 발발한 한국전쟁의 여파로 인해 다시 초토화되었는데 1954년에 이승만 대통령에 의해 18홀의 정규 골프장으로 복원되었다.[67] 그러나 1972년 10월에 서울 근교에 어린이들이 뛰어놀 수 있는 공간이 시급하다는 박정희 대통령의 지시에 의해 현재의 어린이대공원으로 용도가 변경되었다.

우리나라의 골프여건이 열악하던 1960년대 중반에 제주도에서 개장한 제주컨트리클럽은 당시 최고의 골프코스로서 손색이 없었다. 이런 점에서 '관광제주 조성의 달' 행사의 주요 사업으로 골프를 내세운 것은 당연한 것인지도 모른다. 현시점에서도 골프장은 제주관광의 중추적 역할을 담당하고 있다. 2001년 8월에 개장한 클럽나인브릿지는 미국 골프매거진에서 매 2년마다 발표하는 '세계 100대 코스'에 3회 연속 선정된 바 있다. 2005년도의 95위를 시작으로 2007년도에는 60위, 그리고 2009년도의 순위는 55위로 수직 상승하고 있는 클럽나인브릿지의 성공요인으로 제주다움을 살린 골프코스가 지대한 기여를 하고 있다는 점은 부인할 수 없을 것이다.[68]

현재 제주도에서 운영되는 골프장은 30개소에 육박하고 있다. 예정대로라면 2012년이 되면 34곳의 골프장이 완공되어 부지 면적만 4,088만 7,841㎡를 점유하게 된다고 한다. 그런데 제주도의 산림면적이 15년 전보다 5,615ha가량 감소한 가장 결정적인 원인은 골프장 건설이라고 한다. 대략 0.74ha인 축구장 면적으로 환산하면 15년간 7,588개의 축구장 면적에 해당되는 산림이 사라졌는데 공사 중인 골프장을 감안하면 산림파괴는 지속될 것이다.[69]

제주관광의 기여도에도 불구하고 무분별한 골프장 개발로 인한 환경파괴는 더 이상 방치할 수 없다. 또한 지하수를 함양하는 중산간 일대에 조성된 관계로 골프장에서의 농약 사용을 최소화하는 것은

---

67) 권태영(2005), 『최신 여가와 레저문화』, p.100.
68) 한국경제(2009. 9. 3). 「클럽나인브릿지, 3회 연속 세계 100대 코스로」.
69) 경향신문(2010. 6. 9). 「제주 산림 15년간 축구장 7,588개 면적 줄어」.

기업의 사회적 책임이기도 하다. 그러나 환경부에서 조사한 「2005~2007년 전국 골프장 농약사용량」에 의하면 최다사용 골프장 상위 10개소 중 제주도 내 골프장이 2위와 3위, 그리고 10위를 차지한 것으로 나타났다.[70] 또한 제주도 내 골프장 중 일부가 심각한 경영난을 겪고 있는 것으로 알려지면서 비용절감을 위한 고독성 농약살포의 유혹도 제기되므로 관계당국의 철저한 관리감독이 요구된다.[71]

1966년 6월을 '관광제주 조성의 달'로 지정한 제주도의 정책은 첫 번째 사례는 아니다. 1961년 5 · 16군사정변으로 집권한 정부는 1주년을 기념하고자 1962년 5월을 '관광의 달'로 지정하였다. 군사정부에서 준비한 주요 행사에 참석할 관광객 수는 '아시아 영화제'에 참가할 500명, '5 · 16기념행사'에 150명, '보도관계전'에 250명, '국제음악제전'에 33명 등 1,200명으로 추산하였다.[72] 이처럼 5 · 16군사정변 1주년을 자축하고자 1천여 명의 외국 관광객을 초빙하는 만큼 5월 5일부터 20일까지 15일간을 해방 이후 처음으로 야간통행금지까지 일시 해제하였다고 한다.[73] 또한 1965년 3월에 개최될 태평양지구관광협회(PATA) 연차총회를 대비하여 서울시에서는 동년 3월을 '관광의 달'로 지정한 바 있었다.[74] 따라서 1966년의 6월을 '관광제주 조성의 달'로 지정한 제주도는 비록 첫 번째 사례는 아니겠지만 비정치적이며 1회성 국제대회를 겨냥한 행사가 아니라는 점에서 높게 평가할 만하다.

---

70) 머니투데이(2009. 10. 9). 「농약 최다 사용 골프장 10곳은 어디?」.

71) 제주일보(2010. 2. 23). 「골프장 경영 악화, 도내 골프장 시름」.

72) 경향신문(1962. 4. 10). 「관광의 붐 5월은 오는데」.

73) 경향신문(1962. 5. 4). 「5일 자정부터 통금해제, 관광의 달 맞아 15일 동안」.

74) 경향신문(1965. 3. 24). 「돈 못 버는 관광 코리어, 세계적 전문가 모여든 '태평양지구관광협' 14총회」.

전 도민의 관광요원화 운동 스타트

1966년 6월을 '관광제주 조성의 달'로 지정한 제주도는 동년 6월 2
일에 전 도민의 참여를 촉구하는 도지사의 담화문을 발표한다. 관광
은 여타 산업보다도 가득액(稼得額)이 높아 선진국에서도 관광산업 육
성에 심혈을 기울이고 있다고 전제한 후, 국제적 수준으로 제주관광
이 발전하려면 전 도민의 자발적인 참여가 필수적임을 역설하였다.[75]

도지사 담화문에서 요청한 첫 번째 참여방안은 도민 전체가 '관광
요원'이라는 인식을 가져야 한다는 것이다. 그 외 사안으로는 관광업
체의 서비스 향상이라든지 청결하고 위생적인 관광지 관리, 관광자원
의 개발과 시설확충, 그리고 명랑한 분위기 조성을 위한 관광 질서
유지에 동참할 것을 요청하고 있다. 행정기관의 이러한 요청은 지금
도 마찬가지다. 다만 현시점에서는 관광자원의 개발과 시설확충의 주
체는 대부분 외국자본을 상정하고 있다는 점이 다소간의 차이라고
할 수 있다. 예를 들어 중문관광단지에 인접한 예래동 일원에 추진
중인 '예래휴양주거단지' 조성사업에 참여한 말레이시아 버자야(社)로
부터 18억 달러(약 2조 원)를 유치한 것처럼 현재의 관광개발은 대규
모를 지향하고 있다. 따라서 현재의 제주도 관광당국은 제주도민의
소규모 관광개발 사업은 상대적으로 도외시하고 있다고 해도 과언이
아니다.

도지사 담화문에서 최우선적으로 강조한 사안은 전 도민의 '관광
요원화'이다. 전 도민을 관광요원으로 육성하려는 제주도의 관광정책

---

75) 제주신문(1966. 6. 3), 「온 도민의 참여를, 관광조성의 달에 鄭지사 담화」.

은 지금도 진행 중이다. 예나 지금이나 전 도민을 관광요원화하고자 하지만 뚜렷한 실체가 없다는 점은 여전하다. 1966년 6월을 '관광제주 조성의 달'로 지정한 즈음에 관광요원으로서 전 도민의 참여가 가능한 행동은 '손 흔들기'였다. 식별이 용이한 관광전세버스를 이용할 수밖에 없었던 당시로서는 이동 중인 전세버스에 환영의 손짓을 보내는 것은 어려운 일이 아니었다. 하지만 렌터카가 제주도 전역을 누비는 마당에 일일이 손을 흔들어 줄 수는 없을 것이다. 그렇다고 관광전세버스에 한해서만 손을 흔들라고 하는 것도 일종의 차별이 될 수 있으므로 '손 흔들기' 운동은 사라질 수밖에 없었을 것이다.

전 도민을 관광요원화해야 한다는 주장은 현재도 통용되고 있다. 앞서 언급한 바처럼 렌터카 이용이 보편화된 상황에서 '손 흔들기'라는 가시적인 행동이 오히려 가식적인 행동으로 오인될 수도 있을 것이다. 전 도민이 관광요원이 되어야 한다지만 실천 가능한 구체적인 행동요령은 찾아보기 어려운 실정이다. 관광객에게 친절을 베풀어야 한다는 등의 언어적 수사는 넘쳐 나지만 어떻게 친절을 베풀어야 하는지는 불명확하다. 혹자는 렌터카를 운전하는 관광객이 길을 묻는 상황에서 친절히 알려 주면 된다고 하지만 질문을 받은 제주도민이 답변을 해 주지 못하는 상황도 부지기수이다. 왜냐하면 관광객이 찾고자 하는 목적지의 상당수는 제주도민의 일상생활 영역과는 괴리된 지역인 관계로 직접 방문해 보지 않았다면 알려 주려고 해도 알려 줄 수 없는 것이다. 다행인지 최근에는 내비게이션을 장착한 렌터카가 대중화되면서 제주도민에게 길을 묻는 상황도 감소하고 있다.

최근에는 대중버스노선을 이용하여 제주올레 등의 탐방로를 체험하려는 관광객도 적지 않다. 제주도민이라도 평상시 이용하는 대중버스노선이 아닌 경우에는 관광객이 요청하는 버스노선에 대한 신속·정확한 답변을 해 주기 어려운 것이 현실이다. 이런 상황에 직면한 제주도민은 도움을 주지 못해 안타까운 심정을 관광객에게 피력하는 것이 아마도 관광요원으로서의 친절일지도 모른다. 그런데 이런 행동이 관광객만을 대상으로 한다면 과잉 친절에 불과할 것이다. 왜냐하면 이런 행동이 제주도민 간에 자연스럽게 정착되었다면 관광객을 대상으로도 동일한 행동을 할 것이기 때문이다. 따라서 관광요원으로서 관광객에게 친절을 베풀어야 한다는 당위론보다는 제주사회의 자발적이고 주체적인 변화가 선행되어야 할 것이다.

관광요원이라는 용어가 통용된 정확한 시점은 파악하기 어렵지만 1962년 4월 24일에 제정된 「국제관광공사법」에서 흔적을 발견할 수 있다. 동법의 제19조 8항인 '관광 사무에 종사할 요원의 육성·훈련·지도를 목적으로 하는 사업'에 의하면 비록 '관광요원'으로 명기되지는 않았지만 관광에 종사할 '요원'으로 표현되었다. 그런데 1975년 4월 4일의 제5차 일부 개정에서 등장한 '관광요원(觀光要員)'은 2009년 3월 5일의 제10차 일부 개정에서는 '관광요원'뿐만 아니라 '요원'이라는 용어도 삭제되고 대신 '관광 관련 전문인력'이라는 용어가 등장하였다. 1975년부터 줄곧 '관광요원'으로 명기된 법률용어가 2009년부터 '관광 관련 전문인력'으로 대체된 구체적인 전후배경을 파악하기는 어렵다. 그러나 법률용어가 시대를 반영한다는 점에서 '관광요원'은 현재의 관광환경에서는 부적절한 용어라고 유추해 볼 수 있을 것이다.

모자란 관광시설, 친절로 채워 주자

1966년 6월은 '제주관광 조성의 달'로 지정되었다. 동년 6월 2일에 도지사 담화문이 발표되었고, 6월 중순에는 '모자란 관광시설, 친절로 채워 주자'라는 표어가 공개되었다.[76] 기본적인 기반시설 자체가 미비한 1960년대 중반이라는 점을 감안하면 제주관광의 만족도는 인적자원에 기댈 수밖에 없었을 것이다. 이런 맥락에서 전 도민의 '관광요원화' 운동이 점화되어 현재도 진행 중이지만 관광 관련 종사자가 아닌 일반도민으로부터의 폭넓은 공감대는 형성되지 않았다. '모자란 관광시설, 친절로 채워 주자'라는 표어가 당시로서는 시의적절한 것이지만 관광시설공급이 임계점(critical point)에 접근한 현재로서는 '모자란 관광친절, 관광시설로 채워 주자'라고 수정해도 어색하지 않을 것이다. 왜냐하면 국제적 수준에 버금가는 물리적 관광환경과는 달리 관광객과의 직간접 조우를 하는 관광종사자의 자질은 여전히 채워야 할 틈이 있다는 점은 부인하기 어렵기 때문이다.

표어의 사전적 정의는 '주의·주장·강령 따위를 간결하게 나타낸 짧은 어구'이다. 유사 용어인 슬로건의 정의는 '어떤 단체의 주의·주장 따위를 간결하게 나타낸 짧은 어구'인데, 외래어인 관계로 의미가 동일한 강령이나 구호 또는 표어로 순화하여 사용할 것을 국립국어원에서는 권장하고 있다.[77] 그러나 국제화에 부응한다는 명분으로 순화된 국어보다는 외국어 또는 외래어 사용이 보편화되면서 슬로건

---

76) 제주신문(1966. 6. 17). 「관광제주조성의 달 표어」.
77) 국립국어원 홈페이지(http://www.korean.go.kr). 표준국어대사전 참고.

의 사용빈도가 급증하고 있다. 슬로건(slogan)은 스코틀랜드 토착어인 게일어 'sluagh-ghairm'에서 유래하였는데, 군대(army)를 의미하는 'sluagh' 와 함성(cry)이라는 뜻인 'ghairm'이 결합된 'sluagh-ghairm'은 전장에서 의 짧고 굵은 군대의 함성에서 유래한 것이다.[78] 결국 슬로건이란 상 대방을 압도하고자 하는 의미를 숨기지 않는 용어인 셈이다.

세계적인 인지도를 형성한 대표적인 관광슬로건으로는 태국관광 청의 '경이로운 태국(Amazing Thailand)'이 거론된다. '경이로운'이라는 단 한 단어만으로 노출된 잠재관광객뿐만 아니라 경쟁관광지의 이미 지마저 압도하고 있다. 일반적으로 불특정 다수를 겨냥한 공공 광고 로 분류되는 관광슬로건은 전통적으로 호기심과 상상 유발이라는 긍 정적인 감정에 소구하고 있다. 이런 점에서 코알라라든지 캥거루 등 의 세계적 희귀동물 또는 시드니 오페라하우스 등의 랜드마크를 내 세운 전통적인 관광슬로건과 비교하면 호주관광청에서 내세운 근래 의 관광슬로건은 파격적이다. 해변에서 비키니 차림의 늘씬한 미녀가 '그런데 도대체 너는 어디 있는 거야?(Where the Bloody Hell are You?)' 라고 반문하는 관광슬로건의 내용 및 전달방식은 기존과는 확연히 다르기에 압도당할 수밖에 없다.

1966년 6월에 공개된 '모자란 관광시설, 친절로 채워 주자'라는 관 광표어의 노출대상은 국내외 관광객이 아닌 제주도민이다. 외국관광 객 유치가 목적이기에 국가관광청에서 내세운 관광슬로건은 잠재관 광객의 방문동기를 자극하여 행동으로 옮길 수 있도록 하는 강력한 힘이 방출되어야 한다. 그러나 제주도 관광표어의 목적은 내부에서의

---

78) 메리암-웹스터 사전 홈페이지(http://www.merriam-webster.com), slogan 검색 결과.

계몽이기에 표어에서 사용되는 단어는 신중히 선택되었을 것이다. 함축하는 의미가 강할수록 거부감을 느끼는 제주도민의 심리적 저항이 증가하여 당초 의도한 계몽의 취지를 살리지 못하게 되므로 관광표어는 신중히 만들어졌을 것이다.

1960~1970년대는 가히 각종 표어가 양산되던 시대였다. 텔레비전은 말할 것 없이 신문 보급률도 그다지 높지 않았던 시절에 효과적으로 메시지를 전달하는 방안으로는 플래카드와 홍보탑을 이용하는 것이다. 이런 매체는 전달 가능한 글자 총량이 제한될 수밖에 없는 구조이므로 촌철살인의 표어 사용이 보편화되었을 것이다. 이러한 국민계몽이 주목적인 플래카드와 홍보아치의 설치는 이미 일제강점기부터 시작된 것이다. 당시 경성의 거리에는 '내선일체', '일억일심', '생업보국', '일본정신발양' 등의 문구를 전달하는 플래카드는 주요 건물 곳곳에 걸려 있었다고 한다.79) 일제강점기의 플래카드는 5·16군사정변으로 집권한 정부로부터 유용성을 인정받아 각종 '기간'과 '표어'가 남발되었다고 한다.80)

내부에서의 계몽이 주목적이던 관광표어는 점차 사라지고 외국관광객 유치를 위한 관광슬로건이 대세인 것 같다. 한동안 제주도에서는 'Fantastic Paradise'라는 슬로건을 내걸었지만 차별화에 실패한 것인지 최근에는 '오로지 제주(Only Jeju Island)'라는 새로운 슬로건을 내세우고 있다. 새로운 슬로건이 기대한 바처럼 외국관광객의 방문동기를 성공적으로 자극할지는 앞으로 상당기간 기다려야 판명 날 것이다.

---

79) 이영재(2008). 『제국 일본의 조선영화』. p.78.
80) 경향신문(1966. 6. 1). 「너무 많은 기간·표어 붐」.

1967~1969

한라산 등반 관광객에게 금품을 강탈한 불량배

2007년에 유네스코 세계자연유산으로 지정된 한라산 국립공원은 원칙적으로 야영이 금지되어 있다. 당일 등반이 가능하기에 한라산의 진달래밭 대피소(해발 1,500m)와 삼각봉 대피소(해발 1,500m), 그리고 윗세오름 대피소(해발 1,700m)에서의 야영은 원칙적으로 금지되어 있다. 현재는 한라산 등반코스 중 하나인 관음사코스 입구에 조성된 관음사 야영장(대략 해발 600m)에서만 야영이 가능하다. 그러나 등반코스가 정비되지 않아 당일 정상정복이 어려운 1960년대에는 적지 않은 등산객이 한라산에서 노숙을 하였다고 한다. 등산객의 안전을 위협할 만한 맹수가 서식하지 않는 한라산에서의 노숙은 충분히 가능했겠지만 등산객을 위협하는 불량배들이 활동하던 시절도 있었다고 한다.

비록 뚜렷한 맹수는 없지만 빽빽한 원시림이 조성된 한라산에서의 노숙은 위험한 관계로 대부분 표고버섯을 재배하는 막사 근처에서의 노숙을 선호하였다고 한다. 해발 500~1,000m의 험준한 산중에 표고버섯 재배사가 조성될 수 있었던 것은 일제강점기에 만들어진 병참로도 일정부분 기여한 측면이 있다. 일본 본토마저도 미국의 공격에 노출된 2차 세계대전의 말기에 최후의 항전을 준비한 일본군은 제주도를 전초기지로 만들고자 하였다. 그래서 무려 20만 명의 일본군을 한라산에 주둔시키기 위해 한라산 중턱을 돌아가는 순환도로를 만들게 되는데 마치 한라산에 띠를 두른 것 같다고 해서 '하치마키(鉢巻)'라고 부른다.[1]

한라산의 표고버섯 재배사 근처에서 노숙을 하던 등산객은 신원을 파악할 수 없는 건장한 20대 남성 10여 명의 등장에 적지 않게 놀랐을 것이다. 이들은 한밤중에 횃불을 들고 10여 명씩 무리를 지어 산중 깊숙한 곳에서 노숙을 하던 등산객에게 온갖 협박으로 음식과 의류를 강탈했다고 한다. 비록 물리적인 폭력은 행사하지 않았다지만 10여 명의 건장한 20대 청년이 상체를 벗고 한밤중에 나타나면 강심장의 등산객일지라도 섬뜩했을 것이다.[2]

한라산의 표고버섯 재배사 근처에서 노숙하던 등산객을 강탈하는 사건은 관계기관의 신속한 조치가 있어서인지 더 이상 사회적 문제로 비화되지는 않았다. 안심하고 한라산에서 야영을 할 수 있게 된 등산객들이 후일에는 아예 정상인 백록담 경내에서 텐트를 치고 야영을 하면서 백록담 훼손이 가속화되었다. 백록담에서의 야영행위를 금지한 1975년 8월 당시에는 하루 평균 50여 개의 텐트가 백록담 경내에 설치되었다고 한다.[3] 1981년 8월에는 해발 1,600m 지점인 왕관

---

1) 강정효(2003). 『한라산: 오름의 왕국 생태계의 보고』, p.249.
2) 제주신문(1967. 4. 6). 「관광객 등치는 불량배」.

릉에서 야영 중인 텐트에 낙뢰가 떨어져 2명의 대학생이 사망하고 1명이 중화상을 입는 안타까운 사건이 발생하기도 하였다.[4] 이런 점에서 한라산에서의 야영 금지는 환경보전과 등산객 안전을 위한 것이다.

서울에 제주관광안내소 설치

1967년 4월에 국내외 관광객을 대상으로 제주관광정보를 제공하는 제주관광안내소가 서울에서 문을 열었다. 당시의 제주관광안내소에의 벽면 한편에는 제주도 안내도와 사진이 부착되어 있었고, 방문객이 가져갈 수 있는 팸플릿도 비치되어 있었다. 또한 제주도에서 파견한 안내원이 상주하면서 방문객을 대상으로 맞춤형 관광정보도 제공하였다고 한다.[5] 이런 점에서 현재의 관광안내소에서 수행하는 기능과 별반 다를 바 없는 관광정책이 1960년대에 시행된 점은 고무적이다.

관광안내소를 방문한 잠재관광객이라면 예나 지금이나 무료로 가져갈 수 있는 관광홍보물의 종류와 정보의 질을 중시한다. 가져갈 수 있는 관광홍보물의 종류가 많고, 각 관광홍보물에서 제공하는 관광정보의 내용이 알차다고 느낄수록 제주도를 방문할 관광객은 증가한다. 그런데 보릿고개도 여전했던 당시로서는 무료로 제공할 수 있는 관광홍보물의 수는 제한될 수밖에 없다면 1~2개가량 챙겨갈 수 있는 관광홍보물의 내용은 잠재관광객의 선택에 결정적인 변수로 작용할

---

3) 경향신문(1975. 8. 16). 「백록담 야영 금지, 등산공해로 한라산 자원 해쳐」.
4) 경향신문(1981. 8. 3). 「한라산서 야영텐트에 벼락, 대학생 3명 사상」.
5) 제주신문(1967. 4. 8). 「대한여행사 안에 제주관광안내소, 10일부터 서울서 개점」.

수도 있었다. 그렇다면 제주관광안내소에서 무료로 배포하는 관광홍보물의 내용은 관광동기를 자극해야 하지만 무엇보다도 신뢰할 수 있는 정보에 근거해야 한다는 점이다.

당시의 제주관광홍보물은 중요성에도 불구하고 갖가지 오류로 점철되어 있다고 해도 과언이 아니다. 1965년에 유료로 판매되는 수첩형 관광 팸플릿에서조차도 관광지를 소개하는 사진이 뒤죽박죽으로 섞여 있고 한라산 정상인 '백록담'이 '백록당'으로 인쇄되는 등, 각종 오탈자가 적지 않았다고 한다.[6] 제주도 사정에 어두운 서울 소재의 출판사에서 발간하였기에 이런 오류가 발생했다고 유추할 수도 있지만 제주도에서 발간한 관광 팸플릿의 오류를 지적하는 목소리는 1970년대의 단골메뉴였다. 이런 점을 감안하면 제주관광안내소에서 배포한 제주관광 팸플릿에서도 크고 작은 오류가 있었을 것이고, 이런 오류는 제주관광의 신뢰성에도 영향을 미쳤을 것이다.

서울에서 개점한 제주관광안내소는 독립된 사무실에서 운영된 것이 아니라 대한여행사의 공간 한편을 비집고 들어간 것이다. 관광안내소의 최적 입지조건은 분명 유동인구가 많은 번화가의 랜드마크로 인지되는 고층건물의 1층이겠지만 예나 지금이나 비용 대비 효율성의 문제로 인해 실현되지 못하고 있다. 이런 점에서 최소의 비용으로 최대의 효과를 창출할 수 있는 공간이 필요한 제주도로서는 당시 국내 최대의 여행사인 대한여행사의 사무실에 입주할 수 있었던 것은 만족스러운 일이었을 것이다. 제주도와 자매결연 한 국제관광공사(현 한국관광공사)의 전폭적 지원에 힘입어 제주관광안내소의 개설이 가

---

6) 제주신문(1965. 10. 13). 「엉뚱한 관광 팸플릿, 지명·사진 등 잘못투성이」.

능했던 것이다.[7]

　제주관광안내소가 개설된 대한여행사는 국내 최초의 여행사이다. 원래 일본인의 조선관광을 알선하고자 1912년에 설립된 일본여행협회조선지사가 1945년 10월에 재단법인 대한여행사로 창립되면서 국내 최초의 여행사가 된 것이다.[8] 재단법인 대한여행사는 1963년 1월에 국제관광공사 산하로 흡수되었다가 1973년 7월에 주식회사 대한여행사로 민영화되었다. 따라서 1967년 4월에 제주관광안내소가 대한여행사 내에 개설될 수 있었던 것은 국제관광공사의 산하기관이기에 가능한 조치였던 것이다. 추후 민영화된 대한여행사는 국내 최초의 여행사라는 사실을 홍보하면서 현재에도 여행업의 강자로 군림하고 있다.

　제주관광안내소가 개설된 대한여행사의 사무실은 반도호텔에 자리 잡고 있었다. 1938년 4월에 완공된 9층 높이에 111개의 객실을 보유한 반도호텔은 우리나라 호텔산업의 전환기를 가져온 것으로 평가받고 있다. 미국 스태틀러(Statler) 호텔이 최초로 시도한 대중을 겨냥한 상업호텔양식을 국내 최초로 도입한 반도호텔은 당시로서는 최대규모의 호텔이었다.[9] 반도호텔을 건립한 일본인 사업가 노구치 준은 당시 최고급인 조선호텔에 투숙하려다가 허름한 옷차림새를 본 종업원이 "당신 같은 사람이 들어올 곳이 아니다"라고 투숙을 거절하자 화가 난 노구치가 바로 옆자리에 반도호텔을 건립했다는 비화가 전해 온다.[10] 워커힐 등의 신흥 호텔이 건립되면서 적자운영을 견디지

---

7) 제주신문(1967. 2. 17). 「관광개발에 새 고비, 관광공사와 본도 자매결연」.

8) 정성채(2005). 『여행사업 경영론』. p.43.

9) 박대환 외(2007). 『호텔경영관리론』. p.68.

못한 반도호텔은 1974년 6월에 운영을 중단하고 롯데그룹에 매각되었다. 현재 소공동의 롯데호텔은 바로 반도호텔을 허물고 건립된 것이다.

『뉴욕타임스』에서 소개한 제주도는 한국의 시범지

제주도를 한국의 시범지(示範地)라고 소개한 1967년 5월 7일자의 『뉴욕타임스』紙의 기사내용이[11] 제주신문에서 상세히 소개되었다. 지금도 세계 유력언론매체에서 제주도를 기사화하면 곧바로 제주도 언론매체에서 주요 뉴스로 보도하고 있다. 이처럼 세계 유력언론매체의 기사가 긍정적 관점에서 작성된다면 제주도로서는 엄청난 홍보효과의 수혜대상이 될 수 있다. 따라서 제주도를 소개한 외국 언론매체의 기사는 예나 지금이나 지역 언론에 의해 곧바로 기사내용이 재조명되기 마련이다.

1967년 5월 7일자의 『뉴욕타임스』紙의 기사내용은 동년 5월 26일자의 제주신문에서 다시 소개되었다. 당시의 물리적·인적 네트워크를 감안하면 『뉴욕타임스』의 기사가 20일가량의 시차를 두고 제주신문에 게재된 것은 십분 이해될 대목이다. 『뉴욕타임스』紙가 제주도를 한국의 시범지로 소개한 근거는 지난 5년간 제주도의 소득이 2배로 증가한 점을 들고 있다. 즉 1961년에 제주도의 1인당 평균농가소득은

---

10) 남시욱(1997). 『체험적 기자론』. pp.342~343.

11) New York Times(1967. 5. 7). Cheju Economic Gains Cited as a Model for South Korea; Engineering and Agriculture of Island Have Made Wide Progress in Five Years.

44달러였지만 1962년에 시작된 제1차 경제개발 5개년 계획에 의해 1965년의 1인당 평균농가소득이 86달러로 증가하였다. 이런 점을 들어 전체 인구의 75%가 농업에 종사하는 제주도에서 불과 5년 만에 소득이 2배로 증가된 것은 제1차 경제개발 5개년 계획의 타당성을 증명한다는 것이다. 따라서 제주도는 한국의 시범지라고 극찬하고 있다.[12]

『뉴욕타임스』의 기사는 정우식 당시 도지사의 발언을 인용하여 박정희 대통령이 직접 제주도 개발구상을 스케치한 사실을 소개하고 있다. 아마도 박정희 대통령의 지시로 1967년 4월에 완공된 어승생댐 개발을 지칭한 것으로 보인다. 1966년 6월 20일에 제주도를 방문한 박정희 대통령은 당장 33만 제주도민의 식수와 축산 및 농업용수로 활용할 수 있는 수자원 확보를 위해 한라산 계곡의 물을 막아 수자원으로 개발하자는 구상을 메모지에 직접 스케치한 후 정우식 당시 도지사에게 전달하였고, 이 스케치를 토대로 어승생댐이 완공되었다.[13] 박정희 대통령의 창의적인 사고의 결과물인지, 아니면 참모진의 사전 조언이 있었는지는 정확히 확인하기 어렵지만 스케치를 토대로 대역사를 일사천리로 완공한 당시의 사회적 분위기가 느껴진다.

언제부터인지는 정확히 알 수 없지만 대략 2000년 이후부터 제주도는 테스트베드(test bed), 즉 제주도에서 시범적으로 실시하여 시행착오를 최소화한 후 전국적으로 시행하는 지역이 되었다. 2003년에 제주도는 디지털멀티미디어방송(DMB) 등 차세대 통신·방송 융합 서비스의 테스트베드 구축 선언[14]을 필두로 2004년에는 제주도를 텔

---

12) 제주신문(1967. 5. 26). 「제주는 한국의 시범지, NYT지 鄭 도정도 높이 평가」.

13) 제주일보(2010. 3. 14). 「제주의 대역사: 어승생 수원지 건설」.

14) 전자신문(2003. 12. 15). 「제주, 통·방 융합 테스트베드 구축 추진」.

레매틱스 시범도시로 조성하고자 1,000대의 렌터카를 대상으로 텔레
매틱스 서비스를 시작하였다.[15] 그러나 2007년의 국회 과학기술정보
통신위원회의 종합감사에 의하면 지상파 DMB와 위성 DMB는 애물
단지로 전락하였고, 텔레매틱스 시범도시 구축사업도 당초의 원대한
계획과는 달리 고작 720대의 렌터카에 단말기를 달아 주고는 사실상
종료된 점이 집중적인 질타를 받았다.[16]

　제주도를 시범도시로 조성하려는 정부 정책을 평가해 보자면 제주
도에는 별다른 편익이 발생하지 않았다. 마치 신약의 위험성을 평가
하는 임상실험환자와 마찬가지였지만 제대로 된 보상은 받지 못했다
고 해도 과언이 아니다. 그럼에도 불구하고 제주도는 여전히 시범도
시의 역할을 자임하고 있다. 최근에는 제주도에 한해 영리병원을 허
용하는 제주특별법 개정안이 시민사회단체의 격렬한 반대에도 불구
하고 국회에 상정되어 있다. 즉 제주도에 한해 허용된다는 영리병원
은 시범도시화 사업의 전례를 보면 별다른 편익은 발생하지 않은 채
전국화의 단초를 제공한다는 점을 들어 시민단체에서는 반대하고 있
다. 정부 경제시책의 우등생으로 제주도를 소개한 『뉴욕타임스』의 40
여 년 전의 상황이 영리병원 논란에서도 재연될 것인지는 상당기간
지켜봐야 할 것이다.

---

15) 전자신문(2004. 5. 24). 「제주도 렌터카 1,000대 텔레매틱스 서비스」.
16) 연합뉴스(2007. 11. 2). 「정통부 뻥튀기 발표 후 성과가 없다」.

관광지에 비치된 관광스탬프

1967년 7월에 제주도에서는 '관광의 해'를 맞이하여 외국 관광객이 선호하는 관광지에 기념스탬프를 비치하였다. 1967년은 국제연합 (UN)에서 선포한 '국제관광의 해'로서 당시 발표한 '관광은 세계평화로 가는 여권(Tourism: Passport to Peace)'이라는 캐치프레이즈는 현재까지도 회자되는 유명한 슬로건이다. 이처럼 UN 차원에서 특정 연도를 '관광의 해'로 지정한 사례로는 2002년을 '세계 생태관광의 해'로 지정한 것을 제외하면 없을 것이다. UN 등의 영향력 있는 국제기구에서 특정 연도를 '관광의 해'로 지정하는 사례는 극히 이례적이며 대부분 '한국방문의 해' 사업처럼 국가 차원에서 스스로 선포하고 있다. 우리나라 정부가 선포한 아마도 최초의 '한국방문의 해'는 1961년으로 추정된다. 1961년을 '극동방문의 해'로 지정하기로 한 태평양지구관광협회(PATA)의 결정에 능동적으로 대처하고자 우리나라에서도 1961년을 '한국방문의 해'로 지정하기로 한 것이다.[17]

UN에서 선포한 '국제관광의 해'의 일환으로 제주도에서는 명승지에 기념스탬프를 비치하였다고 한다.[18] 일반적으로 관광지에 비치된 기념스탬프는 입국심사에서 사용되는 스탬프를 닮았다. 한 국가의 주권이 미치지 못하는 타국에서 온 방문객의 입국을 허용하는 의미로 '꽝' 찍어 주는 입국심사 스탬프는 통과의례의 완성인 셈이다. 여권에 스탬프를 찍어 주는 입국심사 자체가 그리 오래된 국제절차가 아닌

---

17) 경향신문(1960. 12. 7). 「한국방문의 해 마련토록」.
18) 제주신문(1967. 7. 6). 「관광스탬프, 명승지 등에 비치키로」.

점에서 입국심사 스탬프를 닮은 기념스탬프의 등장시점을 대략이나마 유추해 볼 수 있을 것이다. 우리나라에서의 기념스탬프는 일제강점기에 등장한 것으로 볼 수 있다. 1941년에 금강산을 유람한 후 매일신보에 연재한 글 중에서 빼어난 부분을 뽑아 출간한 『산정무한』에서 정비석은 지친 다리도 쉴 겸 해서 스탬프북을 한 권 사서 옆에 구비된 기념인장을 찍었다. 이처럼 관광지에서 기념스탬프를 찍는 것은 지금도 일본에서는 인기 있는 행동이라고 한다.

관광지에서 기념스탬프를 찍는 행위는 인증을 염두에 둔 것이다. 입국심사의 스탬프가 방문객의 입국을 허용하는 상징인 것처럼 기념스탬프의 존재는 특정 관광지의 방문을 확인해 주는 증거이다. 사진이 등장하기 이전에는 비록 기념스탬프를 가지고 있다 해도 타인으로 하여금 대신 받아오게 할 수도 있으므로 객관적인 인증 증거로 활용할 수는 없었을 것이다. 이런 연유에서인지 서구의 관광지에서 기념스탬프는 최근에서야 등장한 것이다. 그런데 관광지의 방문을 인증하는 기념스탬프의 존재는 일본의 에도시대(1603~1867)로까지 소급할 수 있다.

막부(幕府)의 강력한 힘이 일본을 지배하던 에도시대에서도 일본 각지에 산재한 사원에 참배하려는 순례자의 욕망을 꺾을 수 없었다. 명목상 참배이지만 기실 관광을 목적으로 한 순례여행도 많았기에 노자가 떨어져서 고향으로 되돌아오지 않는 농민으로 인해 지역 영주는 골머리를 앓았다. 왜냐하면 농경사회에서 농민은 세금의 원천이자 식량과 군인의 조달처였기 때문이었다. 따라서 영주로서는 농민의 순례여행을 가급적 허가하지 않았고, 만약 허가하였다면 관광이 아니라 실제로 참배한 것인지를 확인할 수 있는 안전장치가 필요했던 것이다.

에도시대에는 이미 기념스탬프를 한꺼번에 모을 수 있는 스탬프북이 만들어졌다. 참배객이 몰리는 사원에서는 고유한 문장의 인장을 마련하여 500~1,000엔의 비용을 받고 인장을 찍어 주었다. 어떤 사원에서는 승려가 붓글씨로 휘호를 남겨 주기도 하였다. 이처럼 참배한 사원에서 기념스탬프를 받는 행위는 외부인에게 보여 주기 위한 인증 목적 이외에도 자신의 신념을 재확인할 목적도 적지 않았다. 이러한 종교적 신념의 순례자는 100대 관음성지를 하나도 빠뜨리지 않고 참배할 동기를 부여하고자 기념스탬프를 모았을 것이다. 100대 관음성지는 긴키(近畿) 지방의 관음성지를 참배하는 사이코쿠(西國) 33개소, 간토(關東) 지방의 반도(板東) 33개소와 치치부(秩父) 34개소가 합쳐진 것이다.[19]

오늘날에도 일본에서의 관음성지 참배의 인기는 식지 않았다. 이런 성향에 주목한 한국관광공사에서는 ‘한국의 33 관음성지’ 순례상품을 개발하였다. 2009년 11월에는 33개소의 관음성지를 모두 순례한 최초의 일본 관광객이 탄생한 바 있다. 10명의 일본 관광객은 한국을 세 차례 방문하여 1년에 걸쳐 33개소를 모두 참배하였다고 한다.[20]

사진이 발명되면서 관광지에서 인증 목적의 스탬프를 찍는 행위는 무의미해졌지만 관음성지 순례코스처럼 특정 유형의 관광지를 답사하는 관광스탬프 상품은 증가하는 추세이다. 제주도의 올레코스에도 스탬프를 비치하여 ‘올레 패스포트’에 날인하여 완주 여부를 확인할 수 있도록 하고 있다고 한다. 우후죽순처럼 등장하고 있는 스탬프투어의 성공은 당초 의도대로 스탬프가 동기부여를 위한 수단으로 작용하는지 여부에 달려 있을 것이다. 즉 스탬프를 모두 모으는 것이

---

19) 치하야(2004), 『에도의 여행자들』, p.60.
20) 뉴시스(2009. 11. 6). 「일본인 10명, 한국 관음성지 33곳 1년 만에 순례」.

관광의 목적이 되어서는 안 되며, 관광동기를 자극할 일회적인 수단으로 인지되도록 설계해야 할 것이다.

'동양의 하와이'를 꿈꾸던 제주도

제주도는 자천타천 '동양의 하와이'로 불리고 있다. 최근에는 국제적인 관광지임을 자임해서인지 동양이라는 수식어뿐만 아니라 하와이를 벤치마킹의 대상으로 언급하는 사례도 많지 않다. '제주島는 제주도(island)일 뿐'이라는 자부심은 2009년부터 사용한 새로운 슬로건인 '오로지 제주(Only Jeju Island)'에 반영되어 있는 것 같다. 이처럼 제주도를 유일무이한 지역으로 강조하는 관점은 '지역적인 것이 세계적인 것'이라는 추세와도 맥락을 같이하는 것으로 볼 수 있다. 하지만 한편으로는 마카오가 새로운 벤치마킹의 섬으로 부상하는 것을 보면 아직까지는 제주도만의 유일무이한 차별화가 완성되지 않은 단계로 이해해도 무방할 것이다.

오랜 기간 제주도는 동양의 하와이라고 호칭되어 왔고 또한 자임했었지만 최근에는 좀처럼 듣기 어려운 용어가 되었다. 국제적인 섬 관광지인 하와이의 장점과 단점을 완전히 분석하여 더 이상 벤치마킹의 대상으로 무의미하기 때문에 용도가 폐기되었을 가능성도 있다. 또한 사계절이 뚜렷한 제주도의 자연환경과는 확연히 다른 연중 수상레저 활동이 가능한 하와이를 대상으로 벤치마킹하기에는 도저히 메울 수 없는 이질요인을 확인한 것인지도 모른다. 다방면의 추정이 가능하지만 내외국인을 불문하고 카지노를 허용하지 않고서도 국제적인 관광지의 지위와 이미지를 유지하고 있는 하와이는 더 이상 적절한 벤치마킹의 대상이 될 수 없기 때문일지도 모른다. 왜냐하면 내국인 출입이 가능한 카지노 도입에 제주도정의 모든 역량을 투입하는 상황에서 카지노 없이도 세계적인 관광지로 인정받는 하와이를 본보기로 할 수는 없기 때문이다.

제주도가 '동양의 하와이'로 불리게 된 정확한 시점을 파악하기는 어렵지만 1967년 7월 8일자의 제주신문의 「동양의 하와이 지향, 방대한 관광개발계획」이라는 기사를 참조할 수 있다.[21] 물론 1967년 이전에도 제주도가 지향해야 할 모범으로서 하와이를 언급한 사례는 적지 않다. 예를 들어 '제주도와 많이 닮았다고 알려진 하와이'라고 표현한 1962년 10월의 경향신문 기사[22]라든지 하와이와 자웅을 겨루어 볼 수 있는 국제관광 도시로 진출할 잠재력이 충분하다는 1964년 7월의 경향신문 기사,[23] 그리고 '한국의 하와이'로 지칭한 1964년 8월의 동아일보 기사[24]에서는 비록 '동양의 하와이'라고 지칭하지는 않았지만 토대는 마련한 것이다. 제주도가 동양의 하와이라고 불리게 된 계기는 박정희 대통령의 언급에서 비롯되었다는 이야기도 있다.

1967년 9월에 자매결연을 위해 하와이를 방문하고 돌아온 제주도 국회의원의 발언으로부터 동양의 하와이라는 표현은 박정희 대통령의 구상일 수 있다고 유추해 볼 수 있다. 즉 하와이를 방문한 박정희

---

21) 제주신문(1967. 7. 8). 「동양의 하와이 지향, 방대한 관광개발계획」.
22) 경향신문(1962. 10. 6). 「관광제주의 개발을 제창한다」.
23) 경향신문(1964. 7. 20). 「극동의 교차센터, 제주개척의 부푼 꿈」.
24) 동아일보(1964. 8. 1). 「부푸는 탐라의 꿈」.

대통령이 그곳 교포들에게 제주도를 동양의 하와이로 만들기 위해 함께 힘을 보태자는 발언이 현지 교포사회에서 폭넓은 공감대가 형성되었다는 것이다.[25] 하와이를 방문하고 돌아온 국회의원의 발언에서는 박정희 대통령의 하와이 방문시점이 누락되어 있지만 아마도 백악관에서의 정상회담을 마치고 귀로에서 하와이를 경유한 1965년 5월일 것이다.[26]

1965년 5월에 미국을 공식 방문한 박정희 대통령은 두 차례의 정상회담을 마치고 피츠버그 市의 철강단지에서 코퍼스의 포이(Foy) 회장을 만나 한국의 종합제철소 건립계획에 필요한 협조를 요청하였다고 한다.[27] 최대한의 협조를 약속받고 귀국길에 들른 하와이에서 제주도를 동양의 하와이로 만들겠다는 박정희 대통령의 발언은 현지교민을 위로하는 성격도 있었을 것이다. 왜냐하면 제주도를 동양의 하와이로 조성하겠다는 발언은 곧 하와이를 벤치마킹의 대상으로 삼겠다는 것이니 현지 교민으로서는 일말의 자부심을 느꼈을 수 있었을지도 모르기 때문이다.

구걸하는 무전여행 온 학생들

1960년대에 제주도를 방문한 관광객의 일반적인 유형은 여행사를 통해 여행일정을 일임한 단체관광객이다. 학교에서 인솔하는 수학여

---

25) 경향신문(1968. 9. 14). 「동양의 하와이 꿈 부풀어, 제주개발 위해 미 실업단 대거 내한」.
26) 동아일보(1965. 4. 24). 「박 대통령 방미일정」.
27) 아시아경제(2009. 6. 7). 「KISA의 와해, 대일청구권 자금으로 건립 결정」.

행단이 대세였지만 효도관광단으로 추정되는 60~70대의 할머니로 구성된 단체관광단도 있었다.[28] 신혼여행객이 흔치 않았던 시절이다 보니 이목이 집중되는 커플여행은 이례적이었다. 여행사를 이용한 일반적인 단체관광 및 수학여행 이외의 유형으로는 이른바 무전여행이 있었다.

무전여행객은 주로 방학기간을 이용한 대학생이었다. 제주도로 무전여행 온 대학생의 대다수는 '젊어서 고생은 사서도 한다'는 옛 속담에 들어맞는 유형이지만 도를 넘는 행동을 일삼는 무전여행객도 있었다. 이들은 여비를 벌겠다고 길거리에서 제주도민을 대상으로 아이스크림 구매를 강요하고, 어설프게 제주 사투리를 따라하면서 제주도민을 놀려대는 족속이었다고 한다. 또한 선박 승선표를 구매할 돈이 없다면서 배낭에는 값비싼 제주토산품이 채워져 있고, 승선표를 구매할 돈이 모자란 척해서 호의로 승선하면 고시된 요금을 지불한 승객을 미련하다고 놀렸다고 한다.[29] 이들은 무전(無錢)여행을 빙자한 무도(無道)여행객이었다.

무전여행을 하는 학생은 1960년대 초반에도 사회적 문제로 부각되었다. 대부분 헛된 영웅심과 모험심에 사로잡혀 무작정 여행을 떠난 무전여행객의 식사와 여비제공 요구에 지방의 기관들과 향토인사들은 골머리를 앓았다고 한다. 그래서 치안국에서는 무전여행객을 발견하는 즉시 고향으로 돌려보내라는 단속방침을 전국 각지의 경찰에 지시하였다고 한다.[30] 그런데 무전여행객을 즉시 고향으로 되돌리는

---

28) 제주신문(1965. 10. 7). 「관광 붐 제2차, 학생·할머니 등 단체로 몰려」.
29) 제주신문(1965. 7. 22). 「관광 망치는 무전여행」.
30) 동아일보(1962. 10. 6). 「무전여행 못 한다」.

경찰의 단속방침은 오히려 제주도로서는 혹을 안은 것이나 다름없었을 것이다. 왜냐하면 여비가 없더라도 제주도까지 내려가면 자발적으로 관계기관을 찾아가서 고향으로 되돌려 보내줄 것을 요구할 수 있었기 때문이다. 그래서인지 대학생뿐만 아니라 고등학생까지도 한라산 등반을 핑계로 무작정 제주도로 내려온 후 하루에도 20~30명이 숙식 해결과 선박 승선표를 제주시청에 요구하였다고 한다.[31]

1960년대의 무전여행 신드롬은 30여 년간 세계를 주유한 故 김찬삼에 의해 촉발되었다고 해도 과장이 아닐 것이다. 1958년부터 1961년까지의 첫 번째 세계일주의 생생한 경험을 담은『세계일주 무전 여행기』가 1962년에 출간되었다. 故 김찬삼의『세계일주 무전 여행기』는 1960년대의 대표적인 베스트셀러이기도 했다. 제30회 도서관주간 행사의 일환으로 국립중앙도서관에서 기획한 '베스트셀러 50년 전시회'에 선정된 230여 종의 작품에 故 김찬삼의『세계일주 무전 여행기』도 목록에 포함되었다.[32] 1963년에는 김수용 감독의「후라이보이 무전여행기」가 상영되기도 했다. 당시의 신문에는 故 김찬삼의 무전여행뿐만 아니라 외국의 유명한 무전여행객도 자주 기사화되곤 했다. 이런 점에서 무전여행을 떠나는 것은 청소년의 로망이었을 것이다.

무전여행의 붐을 일으킨 故 김찬삼의 자취는 2001년에 건립된 '세계여행문화원'에서 느낄 수 있다. 인천국제공항이 지적인 영종도에 건립된 세계여행문화원은 외국으로 떠나는 배낭여행객의 발길이 머무는 명소이지만 영종하늘도시 개발부지에 편입되어 철거될 운명에 놓이기도 했다. 다행히 세계적인 배낭여행객의 성지(聖地)로 조성하고

---

31) 제주신문(1967. 7. 31).「관광 붐 저해하는 구걸 붐」.
32) 동아일보(1994. 4. 9).「베스트셀러 50년展」.

자 인천시는 세계여행문화원을 공립여행박물관으로 발전시킬 계획
을 수립했다고 한다. 인천시의 공립여행박물관 건립계획은 한때 무전
여행객의 성지였던 제주도에서도 새겨들으면 좋을 듯싶다.

관광개발상 창설한 제주민속박물관장

1967년 12월에 진성기 제주민속박물관장은 30만 원의 기금으로
'관광개발상'을 창설하였다.[33] 30만 원의 기금은 경향신문사에서 주
관한 '국민이 주는 희망의 상'의 수상자로 선정되어 받은 30만 원의
상금이었다. 제주도의 곳곳을 누비면서 소멸 직전에 처한 유·무형의
향토문화재를 사재를 털어 수집하여 1964년에 제주민속박물관을 창
립하고 제주도의 민요와 속담과 무속신앙을 다룬 15권의 저서 등, 잊
혀 가던 제주도의 옛 문화를 보전·계승하는 노력을 인정받아 '국민
이 주는 희망의 상' 수상자로 선정된 것이다.[34]

진성기가 설립한 제주민속박물관은 국내 1호 사설박물관이다. 지금
은 개인이 설립한 크고 작은 박물관이 적지 않지만 1960년대에 개인
이 박물관을 설립하는 발상 자체도 쉽지 않았다. 국내 1호의 사설박물
관이 들어선 제주도에는 현재 36곳의 박물관과 11곳의 미술관이 운영
중이다. 또한 전시관 형태로 운영 중인 43곳의 미등록 박물관·미술관
을 합치면 제주도에는 90개소의 박물관·미술관이 운영되고 있다. 전

---

33) 제주신문(1967. 12. 1). 「관광개발상 창설, 晉씨 받은 상금 30만 원으로」.
34) 경향신문(1967. 10. 7). 「말없이, 이름 없이, 욕심도 없이」.

국의 박물관이 600여 개소인데 제주도에 90개소가 있으니 자천타천으로 제주도는 박물관의 천국으로 불리고 있다.[35]

제주민속박물관은 삼성혈과 인접한 현재의 제주도 자연사박물관이 들어선 부지에 1964년에 건립되었다. 그런데 15년 후인 1979년에 각계의 반대에도 불구하고 토지를 강제로 수용당하여 제주민속박물관이 헐리고 대신 그 자리에 제주도 자연사박물관이 건립되었다. 당시 한국문화인류학회 회장과 국립중앙박물관장을 비롯한 저명한 학계 인사들도 제주민속박물관의 철거를 반대했지만 제주도 당국에서는 끝내 강행하고 말았다.[36] 강제로 수용된 토지의 시세는 평당 40~50만 원이었지만 불과 3~4천 원으로 책정되어 1,500만 원의 보상금만 받고 이전했다고 한다. 당시 시세대로 보상금이 책정되었다면 최소한 3억 3천만 원이라고 하니 제대로 된 보상도 받지 못한 채 피땀 어린 제주민속박물관의 철거를 지켜보아야 했던 심정은 찢겨졌을 것이다. 또한 제주민속박물관에는 지정문화재로서 가치가 있는 유물은 단 한 점도 없다는 당시 제주도 문화관광 책임자의 발언은 아직까지도 뼈에 사무친다고 한다.[37]

1979년에 강제 수용되어 헐린 제주민속박물관은 새로운 부지에 다시 건립되었다. 그러나 관광객으로 연일 붐비는 제주도 자연사박물관과는 달리 외곽에 건립된 현재의 제주민속박물관은 대체로 한산한 편이다. 제주민속박물관으로 가는 길목에 2001년에 개관한 국립제주박물관이 입장료를 받지 않는 점도 불리하게 작용하고 있을 것이다.

---

35) 한겨레(2010. 1. 10). 「박물관 천국 제주」.
36) 동아일보(1979. 2. 13). 「인터뷰 제주민속박물관장 진성기 씨」.
37) 한겨레(2006. 6. 28). 「'제주도학' 일궈 온 살아 있는 돌하르방」.

소규모인 데다 시선을 사로잡을 유명한 유물도 많지 않지만 관장이
직접 안내하는 박물관에서 제주의 옛 문화를 느껴 보는 것도 좋을 것
이다.

부산항까지 5시간이면 충분한 수중익선 도입 추진

1967년 3월에 교통부에서는 6개월 안에 도입을 전제로 2척의 하이
드로포일(hydrofoil) 선박의 구매를 최종 승인하였다. 제주도지사의 추
천 의뢰를 받은 서울 소재의 회사에서 도입하기로 한 하이드로포일
선박이 제주~부산 노선에 취항하면 13시간이 걸리던 뱃길이 5시간
으로 단축되어 제주도로서는 부푼 기대를 감출 수 없었다고 한다.[38]
하이드로포일의 제원을 살펴보면 중량이 135톤이고 36노트의 최고
속력으로 제주와 부산을 5시간에 왕래할 수 있다고 한다. 그런데 척
당 가격이 83만여 달러에 달해 손익분기점을 맞추기 위해서는 승선
요금이 고가로 책정될 수밖에 없었을 것이다. 또한 이탈리아에서 제
작한 수입품이므로 아무래도 유지보수의 어려움이 예견된 하이드로
포일 선박의 도입은 상당한 위험부담을 안고 있었던 것이다. 6개월
이내의 구매를 조건으로 최종승인을 내준 교통부의 결정도 하이드로
포일 선박의 성공 가능성을 회의적인 것으로 본 것이기 때문이었을
것이다. 결국 제주도에서 물심양면으로 지원한 하이드로포일 선박 도
입사업은 조용히 흐지부지해졌다.

---

38) 제주신문(1967. 3. 6). 「단축되는 濟釜 간, 교통부 하이드로포일 도입 승인」.

당시만 해도 제주비행장에 취항한 항공기의 최대 탑승인원은 40~70명 안팎에 불과한 반면, 여객선의 정원은 200~300명에 달했다. 따라서 제주관광의 규모를 성장시키려면 중대형 항공기로 교체하거나 또는 빠른 속도의 여객선에 집중 투자하는 2가지 유형의 선택이 가능했을 것이다. 하이드로포일 선박을 도입하고자 한 당시의 국내 항공사인 대한항공공사는 말 그대로 정부에서 출자한 공공기관인 반면 여객선사는 사기업이라는 점에서 제주도의 현실적인 판단은 민간기업을 파트너로 삼는 것이었을 것이다. 그러나 예나 지금이나 마찬가지지만 혁신적인 변화를 선도하기는 하지만 수익성을 최우선시하는 민간기업과 행정기관이 상생하는 구도는 쉽사리 만들어지지 않는다. 선박의 속도를 선택한 제주도의 선택이 실패로 판명되어 항공기만이 유일무이한 대안으로 남겨지면 제주도의 추진력은 완전히 상실될 수밖에 없었을 것이다.

하이드로포일 선박의 도입사업이 마치 없었던 일처럼 된 이후에 제주도에서는 공항규모 및 항공노선 확충에 매진하였다. 그러나 1968년 1월부터 본격적으로 제주도가 요구한 제주비행장 이설과 신공항 건설은 결국 좌초되었다. 하이드로포일 선박 도입을 추진한 1967년부터 불과 2년 후인 1969년에 대한항공공사가 민영화된 점만 결과론적으로 생각하면 아쉬운 감이 없지 않다. 40여 년 후가 경과된 현재 제주사회의 최대화두는 신공항 건설을 확정짓는 것이지만 한편으로는 전라남도 해남과 제주를 연결하는 해저터널 사업뿐만 아니라 부산과 제주를 잇는 위그선 도입사업도 추진하고 있다고 한다. 이처럼 선택과 집중의 원리가 적용되지 않는 현 상황이 40여 년 전의 실패를 답습하지는 않을지 심히 걱정되는 대목이다.

정방폭포 절벽에서 폐수를 내뿜던 공장들

천지연과 천제연 폭포와 더불어 제주도의 3대 폭포인 정방폭포는 대표적인 관광명소이다. 동양에서 유일하게 바다로 직접 떨어지는 폭포라는 명성과 더불어 진시황의 명령으로 불로초를 찾던 서불의 흔적이 남아 있었다는 전설도 간직하고 있다. 불로초를 찾지 못한 서불은 정방폭포의 절벽에 '서불과지(徐市過此)'라는 글자를 남겼다고는 하지만 진위를 확인할 수 있는 증거는 남아 있지 않다. 정방폭포의 여름풍경을 일컫는 '정방하폭(正房夏瀑)'은 영주십경, 즉 제주도의 10대 풍경으로 선정될 정도의 빼어난 절경을 자랑하고 있다.

폭포수가 쏟아지는 상단 절벽에 전분가공 공장과 유지제조 공장 등이 우후죽순처럼 들어서면서 정방폭포는 심각한 위기에 직면하였다. 시원한 물줄기가 떨어지는 정방폭포의 장관은 온데간데없고 콘크리트 덩어리로 만들어진 공장들이 관광객의 시선에 포착되었다. 보다 심각한 문제는 전분공장을 비롯한 가공처리 공장에서 별다른 여과처리를 거치지 않은 폐수가 곧바로 폭포수에 유입되어 악취가 진동하였다고 한다.[39] 이처럼 정화되지 않은 폐수가 바다로 직접 유입되어 마을 어장도 심각한 위기에 직면한 이후에서야 신규 공장허가를 일체 불허하고 기존 공장들의 이전을 추진하였다.[40]

산업공장으로 인해 홍역을 앓은 정방폭포는 공장들이 이전되면서 원래의 자태를 다시 뽐낼 수 있게 되었다. 그런데 인간에 의한 정방

---

39) 제주신문(1968. 4. 2). 「풍기는 악취, 망치는 관광」.
40) 제주신문(1968. 4. 23). 「관광지에 공장시설 불허」.

폭포의 아픔은 금번 사건이 처음이 아니다. 20여 년 전인 1948~49년의 정방폭포는 서귀포 일대의 최대 학살터였던 것이다. 4·3사건 당시에는 수많은 무고한 양민이 학살되었는데 정방폭포의 기암절벽 일대는 1948년 11월 24일 이래 최소한 여섯 차례 이상의 학살이 자행되었다고 한다. 정방폭포 절벽에 양민을 세워 놓고 살인경험이 없는 사병들이 실습용으로 처단했다고 한다. 1949년 1월 22일에는 86명의 양민이 한꺼번에 학살된 비극이 서려 있는 곳이 정방폭포이다.[41]

정방폭포와 더불어 제주도의 3대 폭포인 천제연 폭포는 상·중·하의 3단 폭포로 이루어져 있다. 특히 제1폭포는 길이가 22m이고 수심 21m의 소(沼)는 신비감을 불러일으킨다. 지금은 천제연 폭포의 소(沼)에서 수영이 금지되어 있지만 1960년대만 해도 수영이 가능하였다는데 3명의 친구와 수영을 즐기던 육지부의 대학생이 심장마비로 사망한 사건도 있었다.[42] 또 다른 3대 폭포인 천지연에서는 1966년에 관광 온 대학생이 목욕하다 실족하여 익사하는 사건이 발생한 바 있다.[43] 또한 1973년에는 오후 2시경에 머리를 감다 실족하여 익사한 사건도 있었다고 한다.[44] 관광지의 안전시설이 미비하다 보니 발생한 사건들이지만 수심 20~21m의 소(沼)가 형성된 천제연과 천지연의 특성을 알고 있었기에 충분히 막을 수 있었던 사건이었을지도 모른다. 이러한 불의의 익사 사건이 재발되지 않고 있는 점은 다행스럽다.

---

41) 이영권(2004). 『제주역사기행』, p.344.

42) 제주신문(1968. 7. 23). 「하루에 변사 3건, 관광 온 학생 천제연서 심장마비」.

43) 동아일보(1966. 8. 5). 「서귀포 폭포서 익사, 工專生이 목욕하다」.

44) 제주신문(1973. 5. 11). 「관광객 익사, 천제연서 머리 감다 실족」.

지나가는 부녀자를 희롱한 수학여행단의 추태

1960년대 초반에는 수학여행단과 제주에 거주하는 학생 간에 크고 작은 충돌이 적지 않았다. 집단 난투극은 제주도 학생에 의해 시작된 경우가 적지 않았다지만 수학여행단으로부터 촉발된 원인도 적지 않았을 것이다. 수학여행단과 제주도 학생 간의 충돌은 점차 사라져 갔지만 1960년대 중반 이후로는 주로 수학여행단끼리 충돌하는 것처럼 갈등의 양상이 '외부인 대 외부인'의 구조로 전환되었다.

제주도 학생과 수학여행단이 부딪치는 '내부인 대 외부인'의 대결 구조는 사라져 갔지만 일부 수학여행단에 의해 새로운 사회적 문제가 발생하였다. 예를 들어 여관에 투숙한 수학여행 온 남학생들이 인근의 여자고등학교에서 하교하는 여학생과 지나가는 부녀자를 희롱하는 사례도 적지 않았다고 한다.[45] 담배를 피우면서 저속한 노래를 고래고래 부르는 통에 인근에 거주하는 주민은 밤잠을 설치기 일쑤였다.[46] 일부 학생은 술에 취한 채 지나가는 행인에게 괜한 시비를 거는 것도 흔히 볼 수 있는 광경이었다.[47]

수학여행단의 탈선은 전국적인 현상이었지만 특히 제주도에서의 탈선은 심각한 수준에 이르렀다. 1975년 상반기에 제주도로 수학여행 온 6,780명의 학생 중 1,643명이 갖가지 위법행위와 탈선행위로 경찰에 적발되어 즉심에 회부되거나 훈방조치를 받았다고 한다. 적발유형으로는 음주와 흡연이 1,065명, 고성방가가 440명, 부녀자 희롱이 101

---

45) 제주신문(1968. 5. 23). 「여행 온 학생 탈선, 여관 앞서 여학생·부녀자 희롱」.
46) 제주신문(1970. 10. 13). 「관광 붐의 여파, 떠들썩한 여관 부근」.
47) 제주신문(1973. 5. 17). 「행패 심한 관광 학생, 고성방가와 시비도 예사」.

명, 폭행이 53명 등이었다.[48] 이러한 수학여행단의 탈선은 숨 막히던 당시의 사회적 분위기에서 억압된 심정이 분출된 결과였는지도 모른다.

수학여행은 한국과 일본을 제외하면 다른 나라에서는 찾아보기 어려운 단체여행이다. 수학여행의 시초는 1886년에 도쿄사범학교에서 실시한 장도원족(長途遠足), 즉 원거리 소풍에서 유래하였다고 한다.[49] 그리고 수학여행이라는 용어가 처음으로 등장한 것은 1887년에 발간된 『대일본 교육회 잡지』의 54호라고 한다.[50] 우리나라에서 수학여행이 등장한 시점은 1901년 7월 26일자의 「아국 동양어 학교생(俄國東洋語學校生) 수학여행」이라는 황성일보 기사라고 한다. 또한 1909년 5월 9일자의 황성신문 기사에서도 보성학교 학생이 평양 수학여행을 한다는 내용이 있는 등, 1919년의 3·1운동 이후부터 수학여행은 보편화되었다고 한다.[51] 그러나 여행경비가 부담되고 주마간산으로 운영되는 탓에 1930년대에는 수학여행을 폐지해야 한다는 여론이 조성되기도 하였다.[52] 수학여행의 유용성은 여전히 논란의 대상이지만 입시 스트레스에 지친 학생들에게는 재충전의 계기가 될 수 있을 것이다. 수학여행의 목적은 충전을 위한 것이지 방전이 되어서는 안 될 것이다.

---

48) 동아일보(1975. 6. 11). 「제주 수학여행 탈선 잦아」.

49) 문옥표 외(2006). 『일본인의 여행과 관광문화』, p.79.

50) 국사편찬위원회(2009). 『여행과 관광으로 본 근대』, p.179.

51) 국사편찬위원회(2009). 『여행과 관광으로 본 근대』, p.180.

52) 국사편찬위원회(2009). 『여행과 관광으로 본 근대』, p.183.

한라산 케이블카 사업에 힘을 실은 정부

1968년 11월 1일과 2일에 박정희 대통령을 수행한 제주도지사는 11월 3일에 기자회견을 열어 수행결과를 상세히 소개하였다. 박정희 대통령의 지시사안은 대부분 산업기반시설의 확충과 관련된 것인데, 수자원 개발 장비 지원이라든지 한국전력 제주영업소의 지점승격 및 1,500kW 용량의 발전기 설치, 그리고 한국은행의 지점 유치 및 민간은행의 설치 지원을 약속하였다고 한다. 그래서인지 1970년 2월 2일에 한국은행 제주지점이 설치되었고, 1969년 1월 1일자로 한국전력 전남지점 영업소에서 본사 직할 영업소로 승격된 후 1970년 4월 1일자로 제주지점이 되었다.[53]

제주도지사의 기자회견에서 가장 주목을 끈 내용은 한라산 케이블카 사업을 적극적으로 지원하겠다는 박정희 대통령의 지시사안이다. 한라산 성판악에서 백록담을 거쳐 영실을 연결하는 케이블카 사업을 적자 보전을 해 주는 한이 있더라도 지원하겠다는 내용이 기자회견에서 발표된 후 한라산 케이블카 사업은 새로운 전기를 맞게 되었다.[54] 한라산 케이블카 사업을 신청한 민간사업자는 1968년 11월 26일에 마침내 교통부로부터 관광색도업 면허를 발급받게 되었다. 그런데 당시 민간사업자의 자본금은 1천여 만 원에 불과하여 2억 9천여 만 원의 공사비용을 충당할 재원확보능력에 대한 회의적인 시선이 지배적이어서 면허 발급은 불가능할 것으로 전망되었다고 한다.[55]

---

53) 제주도 전력사 편찬위원회(2004). 『(제주전기 77년) 제주도 전력사』, p.395.
54) 제주신문(1968. 11. 4). 「축산 · 관광에 깊은 관심, 케이블카 적자 나면 정부보조」.
55) 제주신문(1968. 7. 25). 「케이블카에 난점. 신청자인 삼우기업 자본 적고, 문화재관리위 처리결과 주목」.

이런 점에서 전폭적으로 지원하겠다는 정부의 약속은 지켜진 것으로 볼 수 있다.

1968년 11월 초에 박정희 대통령의 제주도 시찰 직후에 교통부에서는 민간사업자에게 관광색도업 면허를 발급하기는 했지만 무려 7개의 부대조건을 이행하도록 하였다. 즉 면허일로부터 4개월 이내에 기술검토를 완료하고, 3개월 이내에 설치에 필요한 부지를 확보하는 조건 등의 기한을 설정한 조치는 당초 약속한 정부의 전폭적인 지원과는 괴리가 있는 것이다.[56] 설상가상으로 민간사업자와 제주도 관계자 간의 모종 거래를 의심하는 내용의 고소장이 제출되어 2명의 담당 공무원이 경찰에 소환되는 사건도 있었다.[57] 우여곡절을 겪은 한라산 케이블카 사업은 결국 완공기한까지도 착공조차 되지 못해 자연스럽게 소멸되었다.[58]

한라산 케이블카 사업의 전폭적인 지원을 약속한 박정희 대통령의 지시사안은 진정성의 논란이 있었던 것으로 보인다. 대통령 지시사안임에도 불구하고 교통부에서 시한까지 못 박은 7개의 부대조건을 전제로 면허를 발급한 점이라든지, 고소장을 접수한 경찰에서 신속히 담당 공무원을 소환한 점으로 미루어 보면 당시 정부는 한라산 케이블카 사업에 회의적인 태도를 견지한 것으로 보인다. 1971년에 완공된 1.1㎞ 노선의 설악산 케이블카에 투입된 공사비용이 3,000만 원이었지만, 10㎞의 노선에 2억 9천만 원의 공사비가 필요한 한라산 케이블카 계획은 현실성이 부족하다는 평가를 받았는지도 모른다.[59] 결국

---

56) 제주신문(1968. 12. 5). 「한라산에 케이블카, 삼우관광의 속셈과 배경」.

57) 제주신문(1968. 12. 13). 「케이블카 허가에 흑막, 경찰 道 관계관 소환」.

58) 제주신문(1971. 8. 23). 「케이블카 감감소식, 완공기한 지나도 착공도 안 해」.

전폭적 지원을 약속한 박정희 대통령의 지시사안은 준비된 발언이라
기보다는 제주도의 건의사안에 대한 립서비스 차원이었을 것이다.

제주국제공항으로 승격된 지 1년

1967년 4월 26일자로 제주비행장이 제주국제공항으로 승격되었다.
비행장이란 항공기 이착륙 지원만을 할 수 있는 시설을 갖춘 장소인
반면, 공항은 항공기 이착륙 지원시설뿐만 아니라 여객과 화물을 처리
할 수 있는 시설까지를 갖춘 경우에 적용된다.[60] 이런 점에서 공항≧비
행장으로 표기할 수 있다면 국제공항으로 승격되기 이전의 제주비행
장에서의 여객청사는 사실상 존재하지 않았다고 해석할 수 있다.

제주비행장에서 승객과 환송객이 이용한 공간은 오늘날의 여객청
사가 아니라 간이 대합실 수준이었다. 1967년 4월에 제주비행장이 국
제공항으로 승격이 결정되면서 자연스럽게 승격편의공간이 개선되
어야 하지만 실상은 그렇지 못했다.[61] 애초 제주비행장의 청사를 2층
으로 하고 광주비행장의 청사는 단층으로 신축하는 계획안이 마련되
었지만 전라남도 출신 교통체신분과 위원들의 압력에 눌려 졸지에
계획안이 뒤바뀌게 되었다고 한다.[62] 이처럼 여객청사 계획에 차질
이 빚어지면서 일본 오사카에서 전세기로 제주국제공항에 도착한 50

---

59) 매일경제(1971. 2. 10). 「월내 준공 3월 운행, 설악산 케이블카」.

60) 유광의(2004). 『공항 운영 및 관리』, pp.15~16.

61) 제주신문(1969. 4. 26). 「이름뿐인 국제공항, 너무도 초라한 승격 1년의 발자취」.

62) 한국공항공단 제주지사(1996). 『한국공항공단 제주지사 10년사』, p.34.

여 명의 교포들은 강추위에 벌벌 떨면서 입국심사를 기다리는 상황
도 있었다.[63]

　예나 지금이나 공항의 운명은 정치논리에 좌우되는 것 같다. 고속
도로망 및 고속철도망이 지속적으로 개선되면서 항공수요의 감소는
예견되었지만 지방 곳곳에 신공항이 건설되었다. 경상북도의 예천공
항과 울진공항, 전라남도의 무안공항은 정치논리에 의해 신축이 결정
된 공항으로 간주해도 무방할 듯한데, 적절한 활용방안 또는 활성화
방안을 강구하지 못해 애물단지로 전락할 위기에 직면해 있다. 공공
예산의 배정과 집행을 감시하는 기능이 대폭 강화된 현시점에서도
정치적 논리가 개입되는 것만 봐도 1960년대의 사정은 짐작할 수 있
을 것이다. 예를 들자면 국제공항으로 승격된 제주공항에 설치키로
한 지방항공관리국이 광주공항으로 변경되고, 새로 증원된 110명의
항공요원을 배치하는 데 있어서도 제주국제공항만 제외되기도 하였
다.[64] 또한 국제적 수준의 공항으로 육성하고자 수립된 5개년계획에
서 요청한 28억 원 중 6억 7천만 원만이 계상되었을 뿐이다.[65]

---

63) 제주신문(1969. 1. 24). 「푸대접받는 제주공항, 대합실 좁아 아우성」.

64) 제주신문(1968. 11. 22). 「국제공항 광주국에 예속」.

65) 제주신문(1968. 8. 5). 「초라한 국제공항, 5개년 계획 28억 요구에 단 6억 계상」.

제3장

1970~1972

북해도 개발계획을 참조하라는 제주도종합개발계획

1971년을 기점으로 한 제1차 국토종합개발계획에서 제주도가 독립된 단일 권역으로 확정됨에 따라 국토종합개발계획의 보조적 성격을 지닌 「제주도종합개발 10개년 계획」의 수립이 필요해졌다.[1] 본 계획의 주체인 제주도에서는 1970년 2월부터 작성을 시작하여 동년 10월까지 최종안의 작성을 완료하고자 구체적인 일정을 마련하였다. 제주도종합개발계획은 체계적인 개발방향을 제시하고자 ① 감귤 ② 관광 ③ 축산 ④ 수산 ⑤ 도로 및 용수개발이라는 5개의 분야별로 세부적인 계획을 수립하고자 한 것이다.

제주도의 역점 사업으로 추진하던 제주도종합개발계획의 작성에 북해도종합개발계획을 참고하라는 박정희 대통령의 지시가 제주도지사에게 전달되었다고 한다.[2] 일본의 북해도와 제주도는 섬이라는

---

1) 한국개발연구원(1989). 『제주도종합개발계획의 재검토』, p.54.
2) 제주신문(1970. 3. 23). 「감귤·관광 등에 역점, 道 10개년 종합개발계획 지침 마련」.

공통점을 공유하고 있지만 북해도의 면적은 제주도보다 45배나 넓은 83,456㎢에 달하고, 상주인구는 거의 10배나 많은 550만 명에 육박한다. 제주도의 관점에서 북해도는 섬이라는 동질성보다는 오히려 이질적인 대륙일지도 모른다. 이런 점에서 북해도를 벤치마킹하라는 박정희 대통령의 지시가 만약 현시점에서 하달되었다면 생경하겠지만 당시의 상황을 감안하면 이해하지 못할 바도 아니다. 동양의 하와이를 지향하는 제주도 관광개발의 방향은 설정되었지만 제주도와는 기후조건이 확연히 다른 하와이로부터 농림·수산·축산까지도 모두 벤치마킹하기는 적절치 않았을 것이다. 말 그대로 큰 틀에서 제주도의 발전을 도모하는 제주도종합개발계획의 속성을 감안하면 북해도의 개발계획을 참고하는 것도 필요했을 것이다.

북해도의 개발은 2차 세계대전이 종전된 직후에 제정된 「북해도 개발법」에 근거하여 국가에서 적극적으로 추진하고 있다. 이처럼 특정 지역의 개발을 명시한 북해도의 사례는 1991년에 「제주도개발특별법」이 제정됨으로써 반영된 것으로 볼 수 있다. 북해도개발의 기본원칙은 지역경제의 발전을 촉진하기 위해 본토와의 교통을 고속화하는 방안을 최우선적으로 실행하는 것이다.[3] 이에 혼슈의 북단인 아오모리와 홋카이도의 하코다테 구간을 연결하는 세이칸 해저터널 공사가 1971년에 본 공사에 착수하여 1988년에 정식으로 개통되었다. 북해도 개발계획을 참조하라는 1970년 우리나라의 상황으로는 제주도와 본토를 해저터널로 연결하려는 발상은 구상하기조차 불가능했을 것이다.

1988년에 개통된 세이칸 해저터널의 이용객은 감소추세이다. 개통

---

3) 한국건설기술연구원(1969). 『日本國新全國綜合開發計劃』, p.79.

첫해인 1988년에 306만 명이 이용하였지만 2000년 이후에는 연간 150만 명에 불과한 실정이다. 화물 물동량은 개통 5년차인 1991년에 570만 톤이었지만 2006년에는 490만 톤으로 지속적인 감소추세를 보이고 있다고 한다.[4] 세이칸 해저터널의 침체는 저비용 항공여행이 보편화되면서 심화되는 추세이다. 최근에 전라남도 해남과 제주도를 연결하는 해저터널계획의 타당성을 조사하는 용역을 발주한 우리나라도 세이칸 해저터널의 운영현황을 면밀히 벤치마킹할 필요성이 있을 것이다.

제주에서 생고생한 오사카 엑스포 경유관광객

1970년 3월부터 9월까지 6개월간 아시아 최초의 엑스포가 일본 오사카에서 개최되었다. 지리적으로 인접한 우리나라에서는 전 세계로부터 몰려올 엑스포 방문객을 유치하기 위한 다방면의 전략을 수립하였다. 엑스포 개최기간 동안 5만 명의 관광객을 유치하여 1,000만 달러의 외화획득을 달성하기 위해 호텔요금이라든지 한일노선의 항공요금, 국내 철도요금 등을 10~20% 인하하였다. 또한 한일 간 항공노선의 운항횟수를 종전 주 45회에서 58회로 증편하고, 부산항과 시모노세키를 연결하는 페리를 운영하기로 하는 등, 엑스포 방문객을 국내로 유치하고자 상당한 공을 들였다.[5]

당시만 해도 제주와 오사카와의 직항 노선은 개설되지 않았지만

---

4) 권영인(2009). 『세이칸 해저터널의 운영현황과 사회경제적 효과』, pp.48~49.
5) 경향신문(1970. 2. 6). 「활기 띤 엑스포 관광객 유치 작전」.

부산 경유 노선이 운항되던 제주도로서는 엑스포 방문객의 유치는 현실적으로 가능한 목표라고 판단한 것으로 보인다. 그래서인지 6개월의 엑스포 기간에 2,000명의 외국인 관광객을 유치하고자 제주도에서도 숙박료와 토산품 가격을 인하하기로 결정하였다.[6] 이러한 노력의 결실로 첫 번째 엑스포 관광객이 4월 26일에 제주도에 도착하였다. 그런데 홍콩상공회의소 회원인 32명의 엑스포 관광객이 관광전세버스에 탑승한 시각은 오후 1시 30분경이었지만 5·16도로를 통과해서 목적지인 서귀포에 도착한 시각은 오후 7시경이었다. 1970년 4월의 5·16도로는 포장이 완료되어 제주시로부터 서귀포까지 소요되는 시간은 1시간 30분이면 충분하였을 것이다. 그런데 거의 6시간이나 소요되었으니 전세버스에 탑승한 외국인 관광객은 생고생을 사서 한 것이나 다름없었다.[7]

제주도에서 유치한 첫 번째 엑스포 관광객이 탑승한 전세버스는 낡아서 한라산을 관통하는 5·16도로를 운행할 수 없는 상태였다고 한다. 예나 지금이나 외국인 관광객에게 보다 좋은 시설을 배려하는 것이 관행이지만 폐차 직전의 전세버스를 배정하여 잊기 어려운 불편을 안겨 준 사건의 심각성을 인식한 제주도에서는 사건경위를 조사하였다. 제주도에서는 엑스포 관광객에게 신형 자동차를 배정하도록 일선업체에 지침을 하달했지만 금번 사건처럼 지켜지지 않았던 원인으로 관광안내원이 지목되었다. 수수료를 받기 위해 신형 전세버스를 외면하고 낡아빠진 전세버스에 첫 번째 엑스포 관광객을 탑승시킨 것으로 결론 내린 제주도에서는 해당 관광안내원을 고발조치하

---

6) 제주신문(1970. 2. 16). 「엑스포70 대비 관광제주기풍 조성」.

7) 제주신문(1970. 4. 29). 「첫 엑스포 손님부터 기분 잡쳐」.

기로 하였다고 한다.[8]

일본 오사카 엑스포 기간 동안에 제주도에서 유치하고자 한 외국인 관광객 수는 당초 2,000명에서 4,000명으로 증가하였지만 실질적으로 유치에 성공한 관광객은 200명에 불과하였다고 한다.[9] 제주를 출발하여 부산을 경유하는 오사카 노선이 3시간 30분이나 소요되는 점도 불리한 여건이었을 것이다. 또한 폭포와 해수욕장 등의 자연관광지에 기대고 있던 당시 제주도의 인지도가 미미한 수준에 불과한 점도 영향을 미쳤을 것이다. 아마도 과학기술의 발전상을 보고자 전 세계로부터 몰려온 엑스포 관광객으로서는 제주도의 청정한 자연환경이 그다지 매력적으로 인지되지 않았을 수도 있다.

2010년 5월부터 10월까지 중국의 상하이에서 엑스포가 개최되고 있다. 일본 오사카와 마찬가지로 지리적으로 인접한 제주도로서는 전 세계로부터 몰려온 엑스포 방문객을 제주도로 유치할 수 있는 환경은 조성되었다. 하지만 엑스포 경유관광객을 유치하기 위한 대책으로는 제주관광홍보부스를 마련하여 관광지도와 안내 소책자를 구비하는 수준이라고 한다.[10] 40년 전에는 오사카 엑스포 경유관광객만을 위한 특별할인제도를 준비하였지만 상하이엑스포 경유관광객을 유치하기 위한 실질적인 대책이 보이지 않는 점은 안타까운 일이다.

---

8) 제주신문(1970. 4. 30). 「안내원도 고발방침」.
9) 제주신문(1970. 9. 17). 「말뿐인 관광객유치, 외국인은 계획의 단 5%」.
10) 제주일보(2010. 4. 22). 「中 상하이엑스포를 기회로, 제주 판촉 눈길」.

서귀포 앞바다 새섬에 호텔 건립 계획

1970년 6월에 국제관광공사(현 한국관광공사) 사장은 제주도종합개발사업계획에 깊은 관심을 표명하고 관광객 수용시설의 건립에 필요한 지원을 아끼지 않을 것이라고 발표하였다. 그리고 상세한 세부계획은 제주도를 현지 시찰한 후 공개할 예정인데, 서귀포 앞바다의 새섬에 아담한 산장스타일의 호텔 건립계획을 사전에 밝히기도 하였다.[11]

새섬은 서귀포항의 바로 맞은편에 위치하여 자연 방파제 구실을 해 주는 아주 작은 무인도이다. 새섬이라는 명칭은 새(鳥)와 연관된 것이 아니라 제주도 초가지붕의 재료인 새(草)가 무성하게 번창한다고 해서 초도(草島) 또는 모도(茅島)라고 불렸지만 일본사람들에 의해 조도(鳥島)라고 잘못 표기되기도 했다. 이 섬은 바닷물이 빠지는 썰물일 때는 걸어서 도달할 수 있을 정도로 육지에서 무척이나 가깝다. 이처럼 섬이지만 소형 모터보트를 이용한 소요시간이 5분도 채 되지 않은 관계로 새섬에 관광시설을 건립하는 계획은 오래전부터 제기되었다.

1970년에 국제관광공사에서는 새섬에 매력적인 호텔을 건립할 계획을 수립하였지만 섬 면적의 대부분은 서울 소재의 민간기업에 의해 매입된 상태였다. 즉 3만 7천여 평의 전체 면적 중 2만 5천 평을 서울의 모 대기업에서 1964년에 매입한 관계로 토지 소유주의 동의가 전제되지 않고서는 국제관광공사의 호텔 건립계획은 애초부터 난관에 부딪칠 수밖에 없었다. 만약 토지 소유주의 동의를 얻는다면 호

---

11) 제주신문(1970. 6. 5). 「제주도에 관광객수용시설」.

텔건립은 가능하겠지만 특혜의혹이 제기될 수밖에 없는 상황이므로 새섬에 호텔건립을 추진한 국제관광공사의 계획은 좌초될 운명이었는지도 모른다.

민간기업 소유의 면적을 제외하고 남은 1만 2천 평의 국유지를 불하받으려는 경쟁도 치열하였다. 1976년에 모 대기업은 새섬의 국유지를 불하받는 대신 대지 1,300평에 제주세무소의 신청사를 건립해 주는 방안을 추진했다고 한다.[12] 현시점에서는 상상하기조차 어려운 발상임에는 틀림없지만 여기에서 당시의 열악했던 제주도 재정상태의 일면을 확인해 볼 수 있다. 새섬의 국유지 불하와 연관된 제주세무소 신청사는 1977년 8월에 완공되었지만 모 대기업은 국유지를 불하받지는 못했다.

새섬에 호텔을 건립하는 계획이 무산된 지 25년 후인 1995년에 새섬은 오랜만에 세간의 이목이 집중되었다. 서귀포시에서는 일제 당시 일본인의 수산전진기지였던 새섬의 고래공장을 복원하여 관광자원화하겠다는 구상을 추진하였다. 일제시절의 새섬에는 연근해에서 포획한 고래를 처리하는 공장에서 1949년까지 연간 150마리의 고래를 처리했다고 한다. 그러나 고래공장의 존재조차 제대로 기억하는 주민이 거의 남아 있지 않고, 고래공장이 특이한 건축양식이나 뚜렷한 역사성을 갖추지 않아 복원의 의미가 없다는 제주도 내 사학자들의 지적에 따라 자연스럽게 무산되었다.[13]

논란의 대상이었던 새섬은 육지로부터 걸어서 도달할 수 있는 인도교가 완공됨으로써 환골탈태하게 되었다. 새연교라는 다리 명칭은

---

12) 동아일보(1976. 5. 11). 「세무서 지어주고 국유지 불하, 서귀포 앞바다 새섬 두 재벌서 차지할 듯」.
13) 동아일보(1995. 9. 23). 「서귀포 고래공장 복원 논란」.

'새로운 인연을 만들어 가는 다리'라는 의미라는데, 2007년 12월부터 193억 원의 사업비를 투입하여 2009년 9월에 개방되었다. 새연교는 제주의 전통 뗏목배인 테우를 형상화한 모습으로 길이는 169m이고 폭은 4~7m로서 돛을 형상화한 높이 45m의 주탑(主塔)을 포함하여 야간관광을 위한 발광다이오드 조명시설이 설치되어 있다. 새연교를 통해 새섬에 도달하면 목재데크와 자갈길 산책로, 숲속 산책로를 통해 3만여 평의 새섬을 둘러볼 수 있어 새로운 관광명소로 부상하고 있는 중이다.

새연교를 통해 새섬을 자유로이 관람할 수 있게 된 것은 토지 소유주인 대기업의 양해가 없었다면 불가능했을 것이다. 기업의 사회적 책임이라는 관점에서 앞으로도 새섬을 개방할 것으로 예상되지만, 무분별한 이용으로 생태계의 훼손이 가속화되면 이를 빌미로 1일 입장 인원을 통제한다든지 또는 입장료를 부과할 명분이 생기게 될 수 있다. 따라서 관광객은 조성된 탐방로만 이용하고, 관리주체인 서귀포시에서는 수용력에 대한 체계적인 조사를 실시한 후 명확한 관리기준을 설정할 필요성이 있다.

제주도는 관광객의 천국

미8군에서 발행하는 『성조』紙(Stars and Stripes)는 1970년 5월 24일자의 특집기사를 통해 제주도를 '관광객의 천국(tourist's paradise)'이라고 대서특필한 바 있다. 생생한 사진에는 해녀의 작업 광경이라든지 초가집의 정경, 우뚝 솟은 외돌개, 그리고 감귤 노점상의 모습이 담겨 있다. 제주도의 관광자원으로는 따뜻한 해수욕장과 폭포 등의 자연관광지뿐만 아니라 골프장과 호텔의 부대시설인 카지노와 나이트클럽도 매력적인 관광자원으로 소개하고 있다.[14]

미군의 기관지 격인 『성조』紙에서 제주도를 관광객의 천국이라고 무려 24페이지에 걸쳐서 강조한 점으로 미루어 보면 제주도가 무척이나 마음에 들었던 것으로 보인다. 그러나 이 기사가 나오기 이전과 이후에도 제주도가 미군의 휴양지로 명성을 떨친 적은 없다고 해도 과언이 아니다. 이런 정황을 감안하면 제주도를 관광객의 천국으로 대서특필한 숨겨진 의도가 존재했을지도 모른다.

1972년으로 예정된 오키나와의 행정권 반환 시점을 목전에 둔 1960년대 말에 긴박감이 감돌던 국제정세의 변수로 제주도가 등장하였다. 2차 세계대전에서 패한 일본으로부터 군사적 요충지인 오키나와의 통치권한을 이양받아 막대한 비용을 투입하여 섬 전체를 요새화한 미군으로서는 오키나와의 반환은 뜨거운 감자였던 것이다. 결국 기지 사용권을 유지하는 조건으로 1972년에 일본정부로의 반환이 결정되기 전까지만 해도 미군으로서는 오키나와의 대체지를 물색하지 않을 수 없었는데 한국정부에서 제주도를 제공하겠다고 적극적으로 나선 것이다. 1968년에 미군 당국자가 제주도의 기지화 여건을 파악하고자 두 차례에 걸쳐 제주도에서 기술조사를 시행한 것으로 알려졌다.[15] 당시 박정희 대통령은 오키나와 반환협상이 실패로 돌아갈 경우 핵공격 기지를 포함한 해공군 기지를 건설할 대체지로 제주도를 제공할 용의가 있다고 선언하였다고 한다.[16] 이에 미국의 국방차

---

14) 제주신문(1970. 6. 11). 「관광의 낙원 제주」, 미군 『성조』紙서 사진특집.
15) 경향신문(1968. 6. 18). 「美선 제주 현지 조사」.

관도 오키나와 반환협상이 실패할 경우 한국의 안을 수락할 용의가 있다고 밝히면서 제주도민의 의사와는 무관하게 협상테이블에 놓여 있었던 상황이었다.[17]

미8군『성조』紙에서 관광객의 천국이라고 소개한 제주도의 대표적인 관광자원으로 따스한 해수욕장을 예시한 것은 오키나와로부터의 이전을 염두에 둔 것일지도 모른다. 오키나와에 주둔 중인 미군으로서는 열대 휴양지의 기후조건과 비슷한 오키나와를 버리고 북쪽의 낯선 섬으로 이전하는 것은 결코 달가운 상황이 아니므로 따스한 해수욕장이 있는 천국이라고 제주도를 묘사했을지도 모른다.

관광지의 이미지를 천국과 결부하는 것은 예나 지금이나 변함없이 지속되고 있다. 존재유무에 대한 논란에 관계없이 아무도 천국 (paradise)을 직접 방문한 경험이 없지만 가급적 생전에 가 보고 싶은 장소가 천국일 것이다. 이처럼 누구나 동경하는 대상인 천국의 이미지와 결부된 관광지의 홍보물을 접한 사람이라면 호기심이 발동될 것이다. 즉 천국은 직접 방문할 수 없기에 천국이라고 알려진 관광목적지를 일종의 準(para)천국(paradise)으로 인식할 수도 있을 것이다. 천국은 어원적으로 외부로부터 밀폐된 공간(enclosed park)을 의미하므로 섬 관광지를 천국으로 묘사해도 결코 어색하지 않을 것이다. 이런 점에서 제주도를 관광객의 천국으로 소개한 기사를 접한 사람이라면 분명히 강한 호기심이 발동되었을 것이다.

미8군의『성조』紙에 의해 관광객의 천국으로 알려진 이후 제주도에서는 줄곧 천국이라는 용어를 사용한 바 있다. 특히 1990년대부터

---

16) 경향신문(1969. 6. 2). 「제주도 美 기지로 제공 용의」.
17) 경향신문(1979. 7. 18). 「오키나와 반환협상 실패하면 제주에 미군기지 용의」.

운영을 시작한 제주도청 영문홈페이지의 초기화면에는 '환상적인 천국(fantastic paradise)'이라는 슬로건이 대문짝처럼 걸려 있었다. 1994년에 제주도에서 발간한 국문 홍보물인 『(환상의 낙원) 제주도』의 일어판은 『(幻想の樂園)濟州道』이고, 영어판의 제목도 『(Fantastic Paradise) Cheju』로 표기되었다. 외부로부터 관광객의 천국이라는 칭호를 얻었지만 만족하지 못한 탓인지 제주도에서는 관광객이라는 의미를 제한하는 수식어는 삭제하고 대신 환상적이라는 새로운 수식어로 대체한 '환상적인 천국'이라는 슬로건을 개발하였다. 그러나 천국을 묘사하는 환상적이라는 수식어는 평온한 이미지를 기대하는 천국의 모습과는 정반대인 상황이므로 '환상적인 천국'이라는 슬로건은 개념적인 혼란을 초래하였을 것이다. 이런저런 연유가 있었겠지만 '환상적인 천국'이라는 슬로건에 거부감을 표출하는 사람이 적지 않아 자연스럽게 소멸되었다.

　제주도에서는 더 이상 '환상적인 천국'이라는 슬로건을 사용하지는 않지만 '천국'이라는 용어는 여전히 사용하고 있다. 제주도청의 영문 홈페이지를 방문하면 '북태평양의 자연천국(Jeju: Nature's Paradise in the North Pacific)'이라는 슬로건이 방문자의 시선을 끌고 있다. 1970년에 등장한 관광객의 천국(tourist's paradise)은 현시점에서 자연의 천국(nature's paradise)으로 변경되어 있는데, 2007년에 제주도가 국내 최초로 유네스코로부터 세계자연유산으로 지정된 점이 반영되었기 때문일 것이다. 제주도를 자연의 천국이라고 선포하면서 북태평양이라는 수식어를 붙인 것은 겸손함의 발로이겠지만 세계자연유산으로 등재된 만큼 굳이 북태평양이라는 지역적 제한을 둘 필요는 없을 것이다.

[그림] 제주국제공항 여객청사 벽면에 부착된 홍보물

미8군의 『성조』紙에서 언급된 '관광객의 천국(tourist's paradise)'이라는 표현은 완전히 사라진 것이 아니다. 제주국제공항에서 보안수속을 마치고 항공기 탑승을 기다리는 대합실의 벽면 한편에는 제주도를 '진짜 관광객 천국(truly a tourist paradise)'으로 묘사하는 커다란 홍보물이 부착되어 있다. 제주관광을 마치고 각자의 일상거주지로 출발하기 직전의 관광객을 대상으로 진짜로 천국에서 즐거운 시간을 보냈음을 환기시킬 의도로 보이는 '진짜 관광객 천국'이라는 슬로건의 유용성이 자못 궁금해진다.

마을어장으로 통하는 길을 방해한 관광시설

서울 소재의 유명한 학원재단에서는 성산일출봉에 호텔과 골프장을 조성하는 관광개발 사업을 1969년부터 추진하고 있었다. 그런데 본격적으로 공사가 진행된 1970년 6월을 즈음한 시점에 물질하는 해녀가 항의하면서 공사는 암초에 부딪치게 되었다. 골프장과 호텔이 들어서면 마을 어장으로 내려가는 길이 사실상 막히게 된다는 것이 반대의 원인이었다.

성산일출봉 일대에 2층 높이의 호텔과 6홀의 미니 골프장을 조성하고자 모 학원재단에서는 4만여 평의 사유지를 매입하고, 사건의 발단이 된 도로와 접해 있는 6,500여 평의 군유지(群有地)를 불하받았다. 그런데 어장으로 내려가는 통로가 조성 중인 골프코스에 포함되어 사실상 통로의 기능이 상실될 수밖에 없다는 해녀의 주장을 사업자 측에서 신중히 수용하지 않음으로써 갈등이 증폭되었다. 즉 어장으로 내려가는 통로에 해녀가 내려가는 상황에서는 일시적으로 게임을 중단하면 그만이라는 사업자 측의 발언은 기름을 부은 격이나 마찬가지였다. 결국 해녀를 중심으로 구성된 400여 명의 주민들은 제주도청을 방문하여 진상을 파악해 줄 것을 진정하게 되었던 것이다.[18]

마을주민들이 제기한 진정의 요지는 허가과정에서의 불법의 소지 및 계약조건의 위반과 관련되어 있었다. 관할행정기관인 남제주군청으로부터 사업승인을 받는 과정에서 제출된 마을주민의 동의서는 법률적인 하자가 있다는 것이다. 즉 마을 어장으로 내려가는 통로 주변의 군유지 불하를 가능케 한 마을주민의 동의서는 부락회의에서 승인된 것은 맞지만 설명된 정보가 사실과는 다르며 참석하지도 않은 공무원의 서명도 있다는 것이다. 이런 점을 들어 400여 명의 마을주민들은 두 명의 전직 마을이장을 검찰에 고발하게 되었다. 또한 반대하는 마을주민들은 남제주군에서 원형을 훼손하지 않는 조건으로 군유지를

---

18) 제주신문(1970. 6. 23). 「일출봉관광시설 때문 어장으로 가는 길 잃어」.

불하하였지만 공사과정에서 15년생의 해송이 벌목된 점도 제기하였다.

마을 어장으로 내려가는 길을 두고 벌어진 사업자와 마을주민과의 대결구도는 점차 마을주민 간의 갈등구도로 확산되었다. 사업자 측에선 찬성하는 마을주민과 반대하는 마을주민 간에 폭력사태가 발생하면서 심지어 형제가 싸움을 벌이고 이웃사촌 간의 반목이 심화되었다고 한다. 평화로운 마을이 일순간에 두 동강이가 난 원인의 일부는 중재자로서의 적극적인 역할을 포기한 채 방관자의 입장을 취한 행정기관에도 있었다.[19] 이러한 갈등구도는 2007년 이후부터 서귀포시 강정마을에서 진행 중인 해군기지 반대투쟁의 양상과도 흡사하다. 해군기지 유치 제안서가 통과된 마을회의 개최과정의 적법성 시비라든지, 화목했던 마을주민들이 두 편으로 갈라져서 반목하는 것이라든지, 중재하기보다는 사업자 측을 옹호한 행정기관의 행동은 1970년의 성산일출봉에서 발생했던 갈등구도가 마치 타임머신을 타고 그대로 재연된 것처럼 보인다.

마을의 평화를 송두리 채 앗아간 모 학원재단의 사업은 1973년에 호텔이 완공됨으로써 결실을 맺었다. 그러나 성산일출봉을 지척에서 바라볼 수 있는 천혜의 요지에 건립된 호텔은 1981년에 휴업신고를 낸 후 방치되어 성산일출봉의 경관을 해치는 흉물로 전락하였다. 결국 행정기관에서 보상금을 지급한 후 철거함으로써 향후에 성산일출봉이 세계자연유산으로 등재될 수 있었다.

갈등의 발단이 된 마을 어장으로 내려가는 통로의 종착지는 우뭇개 또는 우묵개라고 불리는 해안이다. 우뭇개는 우뭇가사리가 많이

---

19) 제주신문(1970. 7. 16). 「일출봉관광시설 분규의 악화」.

난다고 해서 붙여진 이름이라고 하며, 우묵개는 움푹 들어가 있는 바다를 형상화한 이름이라고 한다. 지금은 해녀들이 직접 바다에서 수산물을 채취하는 광경을 볼 수 있는 '해녀물질공연'이 1일 2회씩 공연되면서 관광객으로부터 좋은 평가를 받고 있다고 한다.[20] 그러나 1942년 1월 2일에 20명의 마을주민이 빨갱이로 몰려 서북청년단에 의해 대나무로 학살된 아픔이 있는 장소이기도 하다. 일제가 패망하면서 남긴 다이너마이트, 일명 '던지기약'을 바다에 던져 물고기를 잡은 것이 빌미가 되어 마을주민이 학살되었던 것이다.

카지노에 출입하는 지역주민 단속할 것

우리나라의 첫 번째 카지노는 1967년에 허가된 인천의 올림포스호텔이며 현시점에서는 17개의 카지노가 운영 중이다. 1개소를 제외한 16개의 카지노는 내국인의 출입을 금지하고 있는 외국인전용카지노이고, 1995년에 제정된 「폐광지역개발지원에 관한 특별법」에 의거하여 내국인의 출입이 허용된 강원랜드가 2000년부터 운영되고 있다. 16개소의 외국인전용카지노의 50%인 8개소가 제주도에서 운영 중이지만, 일부 카지노는 심각한 운영난을 겪고 있다고 한다.

제주도의 첫 번째 카지노는 1968년에 서귀포관광호텔에서 운영을 개시하였다. 아마도 외국인 관광객이 많지 않았던 1960년대 후반의 영업여건은 가시밭길이나 마찬가지였을 것이다. 당시의 제주국제공

---

20) 제주일보(2010. 7. 5). 「해녀문화 새로운 관광자원으로 우뚝」.

항은 무늬만 국제공항이라고 볼 수 있는데, 제주와 오사카를 연결하는 국제노선조차 부산을 경유하면서 3시간 30분이나 소요되었다. 제주국제공항에 도착해서 카지노가 설치된 서귀포관광호텔까지의 여정도 만만치 않았다. 1969년 10월에서야 제1횡단도로인 5·16도로의 포장이 거의 완료되었고, 제2횡단도로인 1100도로는 1973년 12월에 개통되었다. 이처럼 외국인 관광객만이 출입할 수 있는 카지노가 당시만 해도 접근성이 취약했던 서귀포에서 정상적인 영업을 하기는 무리였을지 모른다.

내국인이 출입할 수 없는 카지노를 지척에 두고 바라보는 제주도민에게 카지노는 따지 말아야 할 금단의 열매였지만 강렬한 유혹을 거부하기 어려운 대상이었을 것이다. 제 궤도에 안착하지 못한 서귀포관광호텔의 카지노로서는 견고한 빗장을 느슨케 하여 금단의 열매를 탐한 일부 제주도민의 출입을 은연중 묵인했던 것이다. 사회지도층을 중심으로 카지노에 출입하면서 당시로서는 거금인 10만 원을 탕진한 공무원이 있다는 소문도 무성하였다.[21) 내국인의 출입을 엄단해야 할 제주지검의 검사조차 카지노에 출입한 의혹이 제기되면서 상급기관인 고검에서 지검을 내사하는 사태까지 발생하였다.[22) 이러다 보니 내국인의 카지노 출입을 단속하는 칼은 경찰이 빼어들게 되었다.

제주도민 중 사회지도층이 외국인전용카지노에서 거액을 탕진한 사건은 도박의 위험성을 알린 계기로 작용하기도 했다. 카지노는 즐거운 게임(game)이어야 하지만 오히려 심각한 도박(gambling)의 양상으로 변모될 수 있음을 체험한 사건이었다. 그래서 금번 사건 이후로

---

21) 제주신문(1968. 12. 12). 「카지노에 지방민, 모 공무원은 10만 원 잃고」.
22) 제주신문(1969. 4. 12). 「고검서 지검 수사, 카지노서 도박한 혐의」.

는 경찰의 강력한 단속 덕분인지 유사한 사건은 발생하지 않았지만 1990년대 초반에 제주사회는 카지노를 둘러싼 홍역을 앓은 바 있다. 즉 제주도에서 외국투자의 전제조건으로 내국인의 출입도 전면 허용하는 이른바 '오픈카지노'를 추진하였지만 정부로부터 허가를 받지 못하고 찬반양론으로 대립했던 제주사회는 심각한 내상을 입었다. 이러한 전례에도 불구하고 2006년 이후부터 제주도에서는 '오픈카지노'라는 명칭 대신에 '관광객전용카지노'라는 새로운 이름으로 내국인의 출입이 가능한 카지노를 추진하고 있는 중이다.

2000년대에 제주도의 최우선 역점사업으로 추진되고 있는 관광객전용카지노의 기본구조는 내국인의 출입은 허용하지만 제주도민의 출입은 금지하는 이중체계이다. 대전제로 내국인의 출입을 허용하면서 대한민국의 국민인 제주도민의 출입을 금지하는 모순을 해결하고자 내국인카지노가 아니라 관광객전용카지노라는 명칭이 탄생된 것이다. 그런데 제주도에 거주하는 주민도 여느 관광객처럼 관광지를 둘러보고 외부에서 숙박하면 관광객이 될 수 있다는 점에서 국적에 관계없이 관광객만의 출입을 허용하겠다는 관광객전용카지노에 관광객이 된 제주도민의 출입을 금지할 명분은 없어진다. 따라서 관광객전용카지노라는 명칭에서는 명시되지는 않았지만 제주도에서 구상한 관광객이란 주민등록주소지가 '제주도'가 아닌 내국인과 외국인만이 부합되는 것이다.

제주도민만 아니면 내외국인을 막론하고 출입을 허용하겠다는 관광객전용카지노는 적절한 용어가 아니다. 제주도민의 관점에서는 관광객전용카지노가 아니라 '외지인 전용 카지노' 또는 육지 사람을 일컫는 제주어(語)인 '육지것 전용 카지노'라고 명명해야 올바른 표기일 것이다. 더구나 사람의 이동이 자유로운 국제자유도시를 지향하는 제주도에서 주체인 제주도민의 출입만 금지하는 관광객전용카지노의 개념은 자기모순일 수밖에 없는 것이다.

훌륭한 시설에서 최고의 서비스를 제공하는 카지노에 출입하면 상응하는 대가를 지불해야 한다. 카지노에서 게임을 즐기면 일정금액을 잃어 주는 방식으로 대가를 지불하는 것이다. 게임을 즐길 목적으로 딜러가 통제하는 테이블에 착석한 일반인이라면 전문훈련을 이수한 딜러를 이길 수 없다. 그러면 딜러의 전문성과 서비스에 경의를 표하는 의미에서 적당한 금액을 잃고 테이블을 떠나는 것이 게임을 즐기는 것이다. 게임을 즐기면서도 요행으로 횡재를 바란다면 룰렛이나 주사위 게임, 예를 들어 크랩스(craps)를 선택하는 것이 일반적이다. 그런데 내국인 출입이 가능한 강원랜드의 이용객에게 카지노는 놀이터가 아니라 일터로 간주되는 것 같다. 정당한 게임의 대가를 지불할 의향은 없고 도박의 대가를 수령하고자 카지노를 방문하는 것 같다. 이런 정황을 감안하면 카지노에 대한 인식변화가 선행되지 않고서는 제주도에서 추진 중인 관광객전용카지노의 허가는 어려울 것이다.

항공편으로 수학여행을 떠난 첫 번째 제주도 학교

1970년 7월에 70명의 제주교육대학교 학생은 항공편으로 제주도를 떠나 6박 7일간의 수학여행을 실시하였다.[23] 예나 지금이나 사회적

형평성에 무게를 두는 까닭에 수학여행은 대표적인 초저가 단체관광으로 분류된다. 수학여행의 경비를 조달할 형편이 되지 않아 함께 떠나지 못하는 친구가 많아지면 수학여행을 떠난 자와 남겨진 자의 관계는 재정립되어야 할 것이다. 따라서 수학여행의 일반적인 원칙은 형평성의 토대 위에 최소의 경비로 최대의 관광지를 둘러보는 효율성도 가미하게 된다. 이런 점에서 비용 상승이 불가피한 항공편을 이용한 수학여행은 배제되는 학생의 최소화라는 형평성의 원칙에 금이 갈 수도 있었다.

항공편을 이용한 첫 번째 수학여행을 실시한 학교는 제주교육대학이다. 1946년에 3개월 과정의 임시 초등교원 강습소가 모체인 제주교육대학의 개교연도는 초대 학장이 취임한 1968년이다. 정식으로 개교한 지 2년 후인 1970년에 수학여행을 떠난 학생들은 체계적인 교수법을 이수한 후 졸업할 인재이고, 새로움을 추구하려는 도전정신과 자부심이 강했을 것이다. 항공요금이라는 경비를 걱정하기보다는 제주사회의 원동력으로 작용하기 시작한 항공노선의 영향력을 몸소 체험하고자 한 의욕이 앞섰을 것이다.

70명의 제주교육대학 학생들의 1진은 7월 26일 저녁에 출발하였고 2진은 다음 날인 27일 오전에 제주도를 출발하였다. 이처럼 70명의 학생이 동일한 항공기에 탑승하지 않고 이틀에 걸쳐 각각 다른 항공기를 이용한 것은 최대정원이 70명 안팎이었던 항공기의 수용력에서 원인을 찾을 수 있다. 당시 제주와 서울을 오고가던 주력기종인 YS—11의 탑승정원은 평균 66명에 불과하여 부득이하게 70명에 불과한 학생이 동일한 항공기를 이용할 수 없었던 것이다. 이런 점에서 수백명이 동시에 움직여야 하는 고등학교의 수학여행단이 선박을 이용한 것은 항공요금의 부담과 더불어 탑승정원의 한계도 영향을 미쳤을 것으로 유추해 볼 수 있다.

제주교육대학의 수학여행단 규모가 70명에 불과하여 두 대의 항공기로 이동이 가능하였고, 항공요금의 50%를 할인해 준 대한항공의 배려도 있었기에 항공편을 이용한 수학여행이 가능했었던 것이다. 비록 50%의 요금감면 혜택을 받았지만 전반적으로 상승할 수밖에 없는 수학여행의 경비를 통제하기 위해 아마도 돌아오는 교통수단은 선박이었을 것이다. 대체로 제주도의 수학여행단은 항공기를 이용하여 출발하고 돌아오는 편에는 선박을 이용하는 것이 관례이다. 제주도의 수학여행단은 제주공항을 출발한 항공기가 김포공항에 도착하면 으레 임진각 등의 안보관광지를 둘러보고 서울 근교의 놀이공원이라든지 고궁을 방문한다. 또한 개원 중인 국회를 방문하여 의정활동을 참관하는 것이 아니라 지역 국회의원과 단체사진을 촬영하고 국회의원의 성함이 각인된 책받침이나 자(ruler) 등의 학용품을 답례로 받기도 한다. 그리고 전국 각지의 유명한 사찰과 산업관광지를 둘러보고 부산항에서 카페리를 타서 10~11시간 후에 제주항에 도착하면 수학여행의 일정이 종료되었다.

서울 나들이도 흔치 않았던 시절에는 수학여행이 견문을 넓히는 계기가 되기도 했지만 외국여행경험뿐만 아니라 외국체류경험을 한 학생들도 증가하면서 주마간산식의 수학여행 프로그램은 외면받는 추세이다. 최근에는 제주도의 학교에서도 외국으로 수학여행을 떠나거나 또는 일거에 동일한 코스를 답방하는 것이 아니라 유형별로 다른 코스의 선택도 가능해졌다고 한다. 앞으로도 제주도의 수학여행단은 섬이라는 지형적 특성을 십분 이해할 수 있도록 항공과 해운노선을 모두 이용하는 프로그램을 운영할 필요가 있을 것이다.

제주도를 명랑한 관광지로

　관광은 친숙한 일상영역을 일시적으로 벗어나서 상대적으로 낯선 공간을 방문한 후 재차 되돌아오는 활동이다. 정형화된 일상생활의 장점은 시간적 · 경제적인 관점에서 명확하고, 인지적 구두쇠(cognitive miser)인 인간이 매순간 내려야 하는 의사결정의 딜레마를 줄여 주는 장점도 있다. 그러나 정형화된 삶은 인간의 사고방식을 경직시켜 창의적인 발상을 가로막고, 지루함으로 인해 심리적 불균형이 심화되면 자연스럽게 균형 상태로의 회복을 위한 기제가 발생하기 마련이다. 정형화되고 지루해진 일상생활에서 일시적으로 탈피함으로써 재충전되어 되돌아가는 관광은 그 자체가 즐거움이라고 기대되는 것이다. 이런 점에서 명랑한 관광지를 조성하자는 캠페인은 관광객을 맞이하는 제주도로서는 당연히 추진해야 하는 사업이었을 것이다.

　제주도를 명랑한 관광지로 조성하고자 제주도 경찰에서 추진한 사안은 크게 바가지요금을 단속하고 치안을 확보하는 것이다. 또한 투숙한 숙소에서의 빈번한 도난사건을 방지하기 위해 방범진단 및 내부시설 보강을 업체에 요청하고, 각 파출소의 책임 아래 관내의 도로와 관광지를 깨끗한 상태로 유지하여 즐거운 관광이 될 수 있도록 하겠다는 것이다. 굳이 소관부서를 따질 필요는 없지만 도로와 관광지의 청결유지는 경찰의 소관업무가 아니라 행정기관의 몫일 것이다.

전담업무에 시달리는 일선 경찰관이 빗자루를 들고 관내의 도로와 관광지를 청소하는 것은 현실적으로 과중한 업무였을 것이다. 다행인 지 캠페인의 기간은 4월과 5월로 한정되었다.[24]

제주도 경찰에서 4월과 5월에 실시한 명랑한 관광환경을 조성하자는 캠페인은 이후에도 줄곧 계속되었다. 동년 6월에 '깨끗한 우리환경, 명랑한 관광제주'라는 공동캠페인 표어가 공개되었다.[25] 1975년 1월에 제주도를 순시한 경찰국장은 관광 질서 확립과 명랑한 사회 조성을 강조하였다. 이러한 명랑한 관광지를 조성하자는 캠페인은 1960년대 후반부터 제기되었다.[26] 그런데 명랑이라는 용어는 제주도 등의 관광지에서만 등장한 것이 아니라 60~70년대에는 어디에나 들러붙던 만능 수식어나 마찬가지였다. 명랑한 사회를 구축하자는 대명제 아래 명랑한 투표 또는 선거, 명랑한 교육 또는 교실, 명랑한 세무업무, 명랑한 이웃 등, 사회 전반에 명랑을 거론하지 않는 분야가 거의 없을 만큼 약방의 감초처럼 사용되었다.

5·16군사정변으로 집권한 정부가 통치하던 사회의 전반적인 분위기는 즐거움과는 상당한 괴리가 있었다. 활기찬 사회였다면 정부에서 굳이 명랑을 강요할 필요는 없었을 것이다. 1976년 4월에 MBC는 국민 계도에 역점을 둔 12개의 프로그램을 신설했는데 그중에는 일요일 오전 9시에 편성된 「명랑운동회」도 있었다.[27] 온 가족이 시청 가능한 시간대에 편성된 명랑운동회는 1980년대에도 큰 인기를 얻었는

---

24) 제주신문(1971. 4. 3). 「명랑한 관광환경 조성. 경찰 바가지요금 등 강력 단속」.
25) 제주신문(1971. 6. 18). 「공동캠페인 표어」.
26) 제주신문(1967. 2. 6). 「관광지 무드를 저해하는 일이 없도록 명랑한 분위기를」.
27) 경향신문(1976. 4. 5). 「MBC 계도성 역점 12개 신설」.

데, 사회자였던 변웅전 아나운서는 3선 국회의원이 되었다. 1960~70 년대에는 명랑이 강요되었다면 1980년대에 집권한 새로운 군사정권 시절에는 퇴폐가 소비되었다고 할 수 있다. 박정희 정부시절에는 단 속의 대상이었던 성(sex)이, 전두환 정부에서는 노출이 과도한 영화가 홍수처럼 쏟아지고 퇴폐적인 유흥문화가 형성되었다. 이처럼 1980년 대에 형성된 국내의 퇴폐문화는 1990년대에 해외 관광지에서의 섹스 관광으로 재현되었다.

1980~90년대의 퇴폐적인 관광문화를 경험한 후인 2000년대에 즐 겨 사용되는 용어는 건전이다. 1960~70년대에 명랑함의 대상이 관광 객을 맞이하는 관광지였다면 2000년대의 건전함의 주체는 관광객이 다. 친숙한 일상생활에서 일시적으로 벗어난 관광객은 자칫 탈선할 수 있으므로 관광지의 역할은 탈선의 기제를 없애는 것이다. 예를 들 어 성매매의 공간이라든지 불법적인 사행오락이 행해지지 않도록 하 는 것이 관광지의 경찰과 행정이 할 일이다.

관광현황 및 전망에 관한 예비조사 보고서

우리나라의 교통부는 제주도가 지향해야 할 관광개발의 전반적인 방 향설정을 목표로 하는 조사연구를 일본항공(JAL)에 의뢰하였다. 조사연 구의 수행기관으로 일본항공을 위촉한 이유는 대한항공과 합작하여 제 주도의 관광개발에 적극적으로 투자하라는 의도가 있었던 것이다. 그래 서 대한항공의 협조를 얻어 일본항공의 기술조사단은 1970년 11월 30일

부터 12월 4일까지 제주도에서 현지 실사를 하고 되돌아갔다.[28]

제주도에서의 현지 실사를 마친 후 4개월이 경과된 1971년 4월에 일본항공에서는 「제주도의 관광현황 및 전망에 관한 예비보고서」를 우리나라의 교통부와 대한항공에 제출하였다.[29] 교통부에서 항공사에 의뢰한 구조적인 제약이 작용한 것인지는 모르지만 일본항공사에서 작성한 예비보고서에서 명시한 최우선 중점과제는 제트기의 이착륙이 가능한 3,000m의 활주로를 구비한 신공항의 건설이었다. 신공항의 건설예정지로는 제주시 구좌면 일대를 최적지로 제시한 후, 파일럿 훈련비행장으로 활용한다면 공사비용 및 운영경비의 조달이 가능하다고 지적하였다.[30] 그러나 일본항공에서 제시한 신공항 건설이 무산되어 한국과 일본을 포함한 동남아시아의 항공사를 대상으로 파일럿 훈련비행장으로 제공하는 방안도 무산되었다. 그러자 대한항공에서는 자사의 파일럿 훈련용도로 활용할 정석비행장을 1998년에 완공하였다.

섬이라는 지형적 특성으로 인해 국제적인 관광지로 발돋움하려면 초대형 제트항공기의 이착륙이 가능한 신공항의 건설을 역설한 일본항공에서는 신공항의 건설과 운영주체로 정부 이외의 새로운 기관의 설립을 제안하였다. 즉 제주도의 신공항을 필두로 국제적인 수준의 관광개발 사업을 진두지휘할 '제주도개발사업단'은 정부에서 전액 출자한 공공기관으로, 국제금융과 민간자본을 유치하여 제주도 개발에 필요한 투자재원으로 충당하는 역할이 구상되었다. 이처럼 일본항공에서 제안한 '제주도개발사업단'의 성격과 거의 유사한 국토해양부 산

---

28) 제주신문(1970. 12. 4). 「관광개발의 소지 많다, 한일조사단 본도 답사 마쳐」.

29) 제주신문(1971. 4. 10). 「제주관광개발에 관한 예비조사보고서」.

30) 제주신문(1971. 4. 6). 「풍부한 자연자원, 관광지로서 적성」.

하의 공공기관인 '제주국제자유도시개발센터'가 2002년에 창립되었다.

　일본항공의 보고서에서 제기한 제주관광개발의 방향은 효율성보다는 형평성의 원리를 강조하였다. 관광객을 많이 유치하는 전략은 지양하고, 제주도민의 소득증대와 삶의 질이 향상되도록 관광개발의 방향이 설정되어야 한다고 제시하였다. 관광개발의 편익이 특정집단이 독점하지 못하도록 대책을 강구하고, 비록 일부이지만 관광사업자의 무질서한 자연파괴와 관광객의 탈선이 통제되어야만 지역주민의 자발적인 환대정신이 고양된다고 제안하였다. 또한 세계적인 관광추세가 '보는 레저'에서 '하는 레저'로 전환되고 있음을 지적한 후, 제주도의 수려한 자연환경을 감상하면서 즐길 수 있는 활동이 구상되어야 한다고 제시하였다. 2007년에 1코스가 개장된 이래 전국적인 걷기 열풍을 불러온 제주올레의 인기비결은 빼어난 자연환경을 몸소 체험하는 활동이기 때문일 것이다.

　일본항공에서는 도로를 활용한 관광개발의 필요성을 제기하였다. 제주시와 서귀포시를 연결하는 제1횡단도로(5·16도로)와 제2횡단도로(1100도로)는 관광도로의 구실을 충분히 하고 있지만, 일주도로는 제주도민의 삶과 연계된 관계로 관광도로의 기능이 부족하다고 진단하였다. 일주도로를 관광객에게 내주어 제주도민에게 피해를 주기보다는 해안과 인접한 새로운 도로를 개설하는 방안이 바람직하다고 제안하였는데, 1980년대 말부터 본격적으로 해안도로가 개설되어 오늘에 이르고 있다.

　해안도로의 개설과 더불어 제주도에 개설된 도로에서 국제자동차 레이스대회를 창설할 것을 제안하였다. 이러한 국제자동차대회의 아이디어는 영국 잉글랜드와 북아일랜드 사이의 아이리시海의 중앙에 위치한 맨섬(Isle of Man)에서 1907년부터 거행되는 국제오토바이레이스(TT 제로 레이스)로부터 벤치마킹한 것이다. 결국 제주도에서의 국제자동차레이스대회는 2000년 10월에 성사된 바 있다. 제주시와 제주코리아랠리조직위원회가 공동 주최한 '제주 코리아랠리 대회'는 포장도로를 달리는 자동차 경주대회로는 아시아에서 처음 개최된 행사라는 의미가 있었지만 안전사고를 우려한 경찰에서 제한속도를 60㎞로 한 탓에 질주본능을 느낄 수 없었다.[31] 이러한 조치에도 불구하고 대회 첫날에 1명의 국내선수가 경기 도중에 사망하는 사고가 발생하고, 당초 국제대회로 추진되었지만 외국 선수들이 참가를 하지 않아 국내대회로 전락되어 기대 이하라는 평가를 받았다고 한다.[32]

우연의 일치인지 모르겠지만 1971년에 작성된 일본항공의 예비보고서의 내용은 약간의 변용이 있지만 상당부분 실현되었다. 제주도의 자연환경에 근거하되 '보는 레저'에서 '하는 레저'라는 개발방향이 옳았기에 현시점에서도 통용되는 것으로 볼 수 있다.

중도에 버스를 갈아탈 수밖에 없었던 수학여행단

1971년 4월 8일에 제주도의 중학교 수학여행단이 탑승한 4대의 시외버스를 제지하려고 행정기관의 관계자가 긴급 출동하였다. 정해진 노선으로 운행해야 하는 시외버스를 대절하여 수학여행을 하는 것은

---

31) 연합뉴스(2000. 10. 21). 「제주 코리아 랠리 개막」.
32) 동아일보(2000. 10. 24). 「가면축제 - 코리안랠리, 준비 소홀 운영 미숙」.

불법이므로 당국자에 의한 운행중지는 마땅히 해야 할 업무를 수행한 것이다. 그러나 중학생 시절의 딱 한 번밖에 없는 수학여행을 떠난 학생으로서는 버스의 운행이 제지당하자 영문도 모른 채 3시간이나 길가에서 기다렸다고 한다.[33] 결국 전세버스로 갈아타고 수학여행을 재개하였지만 예상하지 못했던 사건으로 인해 흥겨움은 사라졌을 것이다.

전세버스업체의 고발을 접수한 당국자의 신속한 행동으로 인해 수학여행단은 큰 상처를 받았을 것이다. 기왕에 출발한 버스였으니 수학여행을 끝내고 돌아온 후 시외버스 업체에 행정처분을 내리고, 일선 학교에 시외버스의 대절이 현행법을 위반하는 행위임을 계도하는 것으로 충분했을지도 모른다. 행정당국의 경직된 행동도 문제이지만 수학여행단을 중도에 제지토록 고발한 전세버스업체의 행동은 정도를 벗어난 것이다.

당시에 일거에 도착한 단체관광객을 모두 수용할 수 없는 상황에서는 일반버스까지 전세버스 용도로 배정해 버리면 제주도민은 불편을 감수할 수밖에 없었다. 제주도민은 주인(hosts)으로서 피해를 감수하면서까지 손님(guests)을 환대하고자 시내버스의 결행을 용인했던 것이다. 금번 사건이 발생한 1970년대 초반에도 전세버스의 부족으로 10여 대의 정기버스노선을 결행시키고 관광객을 위한 전세버스로 활용한 경우는 적지 않았다.[34] 이런데도 제주도의 중학교 수학여행단이 탑승한 시외버스의 운행을 중지하도록 고발한 전세버스업체의 행동은 당시에도 이해하기 어려웠을 것이다.

---

33) 제주신문(1971. 4. 9). 「여행학생들 골탕」.
34) 제주신문(1970. 5. 7). 「교통수단 모자라 아우성, 전세차 모자라 정기선도 동원」.

제주도에서는 1960년대 중반부터 현재까지도 종사하는 직업에 관계없이 모든 도민을 관광요원으로 간주하고 있다. 관광객이 탑승한 차량에 환영의 의미로 손을 흔들라든지, 지리에 어두운 관광객이 운전하는 렌터카를 배려하자는 캠페인은 여전히 진행 중이다. 그러나 예나 지금이나 별반 다를 바 없이 관광객을 배려하자는 캠페인은 제주도민으로부터 별다른 호응을 받지 못하고 있다. 일선의 관광업체와 관광행정을 담당하는 기관에서는 제주도민을 탓하기 전에 괴리감을 줄일 수 있는 방안부터 모색해야 할 것이다.

제주관광개발의 타당성을 조사한 국제개발부흥은행

국제개발부흥은행(IBRD)은 1944년 7월에 체결된 브레턴우즈(Bretton Woods) 협정에 의해 1945년 12월에 창립된 국제기구이다. 국제개발부흥은행은 장기개발자금의 공여를 통해 전후경제의 부흥을 꾀하고 저소득 개발도상국의 경제개발을 지원할 목적에서 설립되었다. 일반적으로 국제개발부흥은행(IBRD)과 국제개발협회(IDA)를 통칭하여 세계은행(World Bank)이라고 하며, 국제투자보증기구(MIGA)와 국제금융공사(IFC), 그리고 국제투자분쟁해결 교류센터(ICSID)까지 아우르면 세계은행 그룹이라고 한다.[35] 국제개발부흥은행(IBRD)의 홈페이지 주소(http://www.worldbank.com)에서도 알 수 있듯이 국제개발부흥은행은 세계은행과 동일시되고 있다.

---

35) 이재기(2005). 『글로벌 금융 포커스』, p.301.

국제개발부흥은행(또는 세계은행)이 수행하는 핵심적인 두 가지 역할 중에서 전후경제의 재건은 사실상 달성된 것이나 마찬가지다. 따라서 국제개발부흥은행의 역점사업은 저소득 개발도상국을 대상으로 자립경제기반이 마련되도록 지원하는 것이다. 세계적인 명성을 얻고 있는 전문가들이 포진하고 있지만 국제개발부흥은행에서는 지원대상국의 의사를 최대한 존중하여 지원계획을 수립하는 원칙을 지키고 있다. 전후재건이 마무리되던 1960년대 후반부터 개발도상국으로 시선을 옮긴 국제개발부흥은행이 지원대상국의 의사를 타진한 결과는 압도적으로 관광개발이었다. 이에 모로코와 튀니지의 관광개발에 필요한 자본을 융통한 1966년을 필두로 1979년까지 5억 9천만 달러의 자본이 17개의 국가로 융통되었다. 이처럼 대다수의 개발도상국이 관광개발을 통한 경제성장을 선호하자 1969년에 신설된 관광프로젝트부서(Tourism Projects Department)에서 관광섹터전략(tourism sector strategy)을 담은 보고서를 출간하기까지 하였다.[36]

1960년대 후반부터 1979년까지 국제개발부흥은행의 지원으로 성공적인 관광목적지로 부상한 대표적인 국가로는 발리와 도미니카공화국, 케냐 등이 꼽힌다. 이 시기에 이루어진 국제개발부흥은행의 지원대상국으로 우리나라도 포함되는데 경주의 보문관광단지 개발 사업에 1,000만 달러(당시 약 32억 원)의 융자를 받았다. 그런데 국제개발부흥은행의 융자심사에 필요한 마스터플랜의 준비에 1년 가까이 소요되었지만 마스터플랜의 낮은 완성도와 관광단지 특유의 이미지가 미약하다는 점이 지적되어 기각되었다. 그래서 새로운 팀을 꾸려

---

36) Hawkins & Mann(2007), *The World Bank's Role in Tourism Development*, pp.353-354.

4개월 후에 제출한 마스터플랜이 승인되어 현재의 보문관광단지가 조성된 것이다.[37]

경주 보문관광단지의 마스터플랜을 최종 승인한 국제개발부흥은행에서는 제주도의 관광잠재력을 높이 평가하여 1971년 5월에 양일간에 걸쳐 제주도에서 현지조사를 실시하였다. 제주도의 함덕과 중문 해수욕장, 서귀포 일원의 빼어난 자연환경에 매료된 현지 실사단은 조속히 정부차원의 마스터플랜 수립이 급선무라고 지적하였다.[38] 이런 배경이 작용해서인지 「제주도특정지역 관광종합개발계획(1973~1981)」이 청와대 관광기획단에 의해 수립되었다.[39] 그러나 국제개발부흥은행으로부터의 융자는 실현되지 않았다.

제주도 관광개발의 잠재력은 높이 평가되었지만 국제개발부흥은행으로부터 융자지원을 받지 못한 정확한 원인은 파악하기 어렵지만 국가 간의 형평성이 고려되었을 것이다. 즉 경주 보문관광단지가 완공되기 이전이므로 투자의 효과성조차 측정하지 못한 채 또 다른 관광개발 프로젝트에 지원한다면 타 국가로부터 형평성의 문제가 제기될 수도 있었을 것이다. 또한 자연환경보다는 문화자원을 활용한 관광개발을 선호하는 국제개발부흥은행의 성향에서도 원인을 찾아볼 수 있다. 가장 성공한 관광개발의 사례로 꼽히는 발리의 성공은 자연환경을 파헤치는 무분별한 리조트 개발을 지양하고 문화예술에 토대를 둔 개발방향이 결정적이라고 한다. 그래서 프랑스의 세토(Sceto)팀에서 작성한 마스터플랜은 현시점에서도 높은 평가를 받고 있다.[40]

---

37) 김석윤(2007), 『여의도에서 새만금으로』, pp.78~81.
38) 제주신문(1971. 5. 21), 「제주는 국제관광지, IBRD 조사단서 판단」.
39) 한국개발연구원(1989), 『제주도종합개발계획의 재검토』, p.54.

국제개발부흥은행의 지원대상은 여전히 개발도상국이지만 예전과
는 달리 관광개발을 통한 경제성장에 대해서는 회의적인 태도를 견
지하고 있다. 1979년까지는 개발도상국에서 요청한 관광개발 사업에
융자지원을 아끼지 않았지만 1980년대 이후부터는 문화예술이 중심
이 된 일부 프로젝트를 제외하고는 관광개발에 대한 지원은 사실상
중단한 상태이다. 국제개발부흥은행의 의사결정기구인 이사회에서는
오래전부터 중단해야 할 사업으로 원자력 발전과 관광을 꼽고 있다
고 한다.[41] 이런 정황을 감안하면 풍부한 문화역사자원에 근거한 경
주 보문관광단지의 마스터플랜이 국제개발부흥은행으로부터 높은
평가를 받은 맥락이 이해된다.

오기·오자로 점철된 관광 팸플릿

역사적으로 미지의 영역(terra incognita)이 기지(旣知)의 세계로 완전
한 편입이 이루어진 시점은 마젤란의 세계일주가 성공한 1520년일
것이다. 1492년에 오늘날의 바하마 제도에 도달하여 결과적으로 아메
리카 대륙을 발견함으로써 지도상에서 미지의 세계를 거의 채웠던
콜럼버스의 업적도 간과할 수는 없다. 오늘날에는 원주민을 보호하고
자 의도적으로 남겨진 일부의 영역을 제외하고는 인류가 개척하지
못한 미지의 영역은 존재하지 않는다고 말할 수 있다.

---

40) 라타(1997), 『발리의 관광 발전과 섬 관광 정책포럼에 거는 기대』, p.17.
41) Hawkins & Mann(2007), *The World Bank's Role in Tourism Development*, p.359.

미지의 영역이 실존하던 시대의 사람들은 알려지지 않은 공간을 불안감과 호기심의 대상으로 인식하였다. 지도 제작자가 미지의 세계라고 표시한 공간은 용감한 탐험가에 의해 기지의 세계로 전환되었다. 지도상에서 기지의 세계로 표시된 공간이라도 정보가 부족하면 알려지지 않은 것이나 마찬가지였는데, 이처럼 잘 알려지지 않은 공간은 여행가에 의해 완전한 기지의 세계로 전환되었다. 즉 탐험가는 불안한 미지의 영역을, 여행가는 호기심을 자극하는 기지의 세계를 대상으로 활동했던 것이다.

키케로(Cicero)가 역사의 아버지라는 호칭을 부여한 헤로도토스(Herodotus, BC 484?~BC 425?)는 대표적인 초창기의 여행가로 평가받고 있다. 헤로도토스는 30세를 전후하여 이집트와 메소포타미아, 페니키아, 스키타이 지역을 여행하면서 수집한 자료를 토대로 『역사』를 집필하였다. 헤로도토스가 집필한 『역사』는 역사서이면서도 당시로서는 잘 알려지지 않은 지역을 소개하는 최고의 여행안내서이기도 했다. 헤로도토스는 자신이 직접 보지는 못했지만 현지인으로부터 직접 들은 정보를 사실처럼 기재해서 당대에도 진위 여부에 대한 논란이 적지 않았다. 아마도 신뢰할 수 있는 최초의 여행정보의 공로는 파우사니아스(Pausanias, AD 143~176)에게 돌려도 무방할 것이다. 소아시아 출신의 그리스인이었던 파우사니아스가 남긴 10권의 『그리스 이야기(Description of Greece)』는 역사와 문학, 예술, 종교, 일상생활을 아우르는 걸작으로 당대 로마뿐만 아니라 중세를 거쳐 근대에까지 영향을 준 여행서로 평가할 수 있다.

헤로도토스의 『역사』와 파우사니아스의 『그리스 이야기』는 호기심을 자극하지만 교통수단에서부터 숙박정보처럼 여행에 필수적인 정보는 담겨 있지 않았다. 이런 점에서 『마인츠에서 쾰른까지의 라인 강 여행』이라는 제목으로 카를 베데커(Baedeker)가 1839년에 출간한 관광안내서는 현대적인 관광안내서의 원조로 평가받고 있다. 볼거리와 숙식, 풍습, 여행경로와 소요시간, 여행경비에 대한 설명과 지도까지 첨부된 베데커의 안내서는 관광의 대중화에 지대한 공헌을 하였다.

판매를 목적으로 제작된 만큼 베데커 가이드에서 소개한 관광목적지는 당시에도 유명한 관광명소이거나 또는 유럽인에게 호기심을 불러일으킬 수 있는 일부 지역이었다. 최근에 관광안내서의 새로운 강자로 등극한 론리플래닛(Lonely Planet)에서 출간한 가이드북도 유명 관광목적지를 선호한다는 점에서는 별반 다를 바 없다. 하지만 배낭여행객이 제공하는 정보를 토대로 숨겨진 명소를 발굴하는 소질이 탁월한 론리플래닛이지만 1970년대의 제주도는 사각지대에서 방치된 것이나 마찬가지였다. 따라서 제주도에서 외국인 관광객을 유치하려면 자체적으로 관광홍보물을 제작하는 수밖에 달리 방법이 없었을 것이다.

1970년대 초에는 제주도뿐만 아니라 시·군에서도 자체적으로 관광홍보물을 제작하여 배포하였다. 당시의 관광 팸플릿에 수록된 사진의 구도는 해당 관광자원의 진면목을 제대로 보여 주지 못하고, 기재된 정보는 오기와 오자가 적지 않았다고 한다. 외국인을 겨냥한 영문표기는 제각각이어서 오히려 혼란만 초래한다는 문제점이 제기되었다. 예를 들어 백록담의 영문표기를 제주도에서는 'Baeklok Lake', 제주시에서는 'Bakrok-Dam', 남제주군에서는 'Bek-Nok-Dam' 등 제주도의 행정기관에서는 제각각 다른 방식의 영문표기를 하고 있었다.[42]

관광홍보물이 전반적으로 조잡하다는 여론에 따라 제주도에서는

1972년 4월 27일자로 「제주도 관광선전물 심사규정」을 공포하여 관광홍보물의 사전심의를 가능케 하였다. 이 규정에 의하면 도지사를 위원장으로 하고 7명의 위원으로 구성된 '관광선전물 심사위원회'의 사전심의를 거쳐야만 발간될 수 있도록 조치한 것이다.[43] 그런데 제주도에서 일괄적으로 제작하여 각 시군에 배포한 『관광제주홍보물』에서도 개선할 점이 적지 않았다. 예를 들어 부산 해운대의 사진이 제주도의 해수욕장인 것처럼 포함되어 있고, 일주도로가 포장되기 전에 촬영된 사진이라든지 잎이 시들해진 감귤나무를 찍은 사진 등이 대거 포함된 관광홍보물을 2,000부나 수령한 북제주군청에서는 일절 관광객에게 배포하지 않았다고 한다.[44]

사전심사제에도 불구하고 관광홍보물의 문제점은 일거에 개선되지 않았다. 그래서 1970년대에는 잘못된 관광홍보물로 인해 제주관광의 매력도가 저하된다는 각계의 지적이 계속되었다. 현재는 인터넷이 보편화되면서 인쇄된 관광홍보물의 영향력은 감소추세이지만 제주도청 및 제주관광공사, 제주도관광협회의 홈페이지에는 무료 관광홍보물의 우송을 요청하는 게시물이 여전하다. 이런 점에서 배포하고 있는 관광홍보물을 대상으로 한 체계적인 평가는 정기적으로 행해져야 할 듯하다.

---

42) 제주신문(1971. 7. 24). 「관광제주에 먹칠, 팸플릿 오기 · 오자투성이」.
43) 제주신문(1972. 4. 27). 「관광선전물 사전 심사제」.
44) 제주신문(1972. 7. 24). 「허술한 관광행정, 미스투성이의 선전물 배포해」.

아열대 가로수 심기 운동

　제주도는 1971년 10월 1일부터 6개월 후인 1972년 3월 31일까지 제주도민을 대상으로 한 그루당 5,000원 이상의 관상목을 기증받는 캠페인을 전격적으로 실시하였다고 한다. 현시점에서는 공공재원으로 필요한 가로수를 구매하겠지만 가용재원이 충분하지 않았던 당시로서는 가로미화의 목적으로 가로수를 구매하였다면 적지 않은 눈총을 받았을 것이다. 그래서 도민참여를 유도하는 것은 바람직하지만 이런 유형의 캠페인에서는 목표 달성의 명분으로 공직자에게 할당량을 부과하는 것이 관례였다. 캠페인의 기간 동안 제주시에는 6,857m의 가로구간에 1,598본의 가로수, 서귀포시에는 2,500m의 가로구간에 472본 등, 시군별로 식재해야 할 가로수가 정해져 있었다.[45]

　가로수의 수종은 수령 5년 이상이고 2m 이상의 아열대성 나무인데 협죽도와, 아외나무, 자배나무, 굴거리나무, 비파나무 등도 기증 가능한 수종이었다. 아왜나무가 올바른 명칭인 아외나무(Awabuki)는 제주도와 경상남도 등의 남부지방에서 자라는 낙엽활엽아교목이다. 굴거리나무(Macropodum)는 남부지방의 산기슭과 숲에서 자라는 상록활엽소교목이다. 비파나무(Loquat)는 6월경에 식용 가능한 노란색의 열매를 맺는다.

　제주도 당국에서 종려나무와 야자수 등의 아열대성 나무를 가로수로 식재한 것은 남국정취가 물씬 풍기는 도시이미지를 만들려는 목적에서였다. 한반도의 최남단이므로 우리나라 관광객이라면 제주도에서 남국의 정서를 느낄 수 있겠지만 일본 열도와 위도와 비슷해서

일본인 관광객으로서는 제주도에서 남국의 정취를 느끼기 어렵다는 점이 제기된 바 있었다.[46] 제주도뿐만 아니라 정부 차원에서도 일본인 관광객의 유치에 막 발동을 건 시점에서 제주도의 관광개발 잠재력을 조사한 일본 측 전문가의 진단은 그냥 넘어갈 수 없었을 것이다.

제주도를 남국의 섬으로 탈바꿈하기 위한 일환으로 추진된 아열대성 가로수 심기 운동에 재일동포사회도 동참하였다. 즉 재일 제주도 친목회의 회원들이 182만 5,000원의 성금을 모와 제주도지사에게 전달하였다. 고향인 제주도가 지향하는 '동양의 하와이'라는 이미지가 조성되는데 아열대성 가로수가 한몫 담당할 것이라는 판단이 작용했던 것이다.[47] 당시에 중심가였던 관덕정 일원의 도로 양편에 각각 20 그루의 종려나무가 1971년 10월에 식재된 것을 시작으로 대대적인 아열대성 가로수 식재사업이 추진되었다.[48] 1972년의 4월에는 관덕로와 연결된 중앙로타리에서부터 남문로타리 일원에 3백 그루의 종려나무를 식재하는 사업이 개시되었다.[49] 그런데 전 도민의 정성이 담긴 아열대성 가로수가 몰지각한 행인에 의해 꺾이기도 하였다.[50] 또한 아열대성 가로수가 도난당한 사건도 적지 않았는데, 차량까지 동원하여 절취하는 사건도 발생하였다.[51]

1971년 10월과 1972년의 4월에 식재된 종려나무의 실태를 조사한 내무부의 결정에 의해 다른 장소로의 이식이 결정되었다. 당시의 번

---

46) 제주신문(1971. 4. 10). 「제주관광개발에 관한 예비조사보고서」.
47) 제주신문(1972. 1. 29). 「가로수 가꾸기, 제주를 동양의 하와이로」.
48) 제주신문(1971. 10. 11). 「남국풍치의 첫 본, 관덕로에 종려나무 심어」.
49) 제주신문(1972. 4. 18). 「중앙로 등에도 종려나무 심어」.
50) 제주신문(1972. 5. 16). 「벌써 꺾이는 가로수, 온 도민의 정성인데 이럴 수가」.
51) 제주신문(1972. 5. 29). 「가로수 계속 도난, 한림선 삼륜차까지 동원」.

화가였던 관덕로와 중앙로타리 일원에 식재된 높이 1m의 종려나무는 도시공해와 부적절한 토질로 인해 더 이상 성장할 수 없다는 결론이 내무부의 환경심사반에 의해 내려져서 다른 장소로 이식할 수밖에 없었다고 한다.[52]

제주도의 가로수는 아열대성 나무로부터 향토수종으로 교체되고 있는 중이다. 이국적인 도시이미지를 조성하고자 식재한 종려나무 대신에 제주다움을 느낄 수 있는 먼나무 등의 향토수종으로 교체되고 있다. 새로운 가로수로 각광받고 있는 먼나무의 이름에 대해 '저 나무가 먼(무슨) 나무야?'에서 유래되었을 것이라는 설도 있지만 '나무 껍질에 검은 빛이 많아 먹물 같다'는 뜻의 제주도 방언인 '먹낭'에서 먼나무가 되었다는 이야기가 신빙성이 높다고 한다.[53] 향토수종인 먼나무의 명칭만으로도 흥미로운 스토리를 풀 수 있으니 가로수로서 제격이라 할 만하다.

일본기술조사단의 제주도 현지 실사

1971년 12월 8일에 6명으로 구성된 일본기술조사단이 제주도에 도착하였다. 일본정부에서 파견한 일본기술조사단은 관광과 공항, 도로, 수질 전문가로서 1주일 동안 관광개발의 여건을 종합적으로 실사하고자 제주도를 방문한 것이다. 그런데 1년 전인 1970년 11월에 교

---

52) 제주신문(1973. 2. 26). 「1년도 못 돼 이식. 가로에 심은 종려 당국의 무계획 드러내」.
53) 주간한국(2006. 12. 10). 「알알이 빨간 구슬 먼나무」.

통부의 의뢰를 받은 일본항공에서도 제주도를 현지 시찰한 후 1971년 4월에 「제주관광개발에 관한 예비조사 보고서」를 제출한 바 있었다. 일본항공에서 수행한 현지 실사는 우리나라의 교통부에서 의뢰한 것이지만, 일본기술조사단의 현지 실사는 우리나라와 일본정부 간의 합의에 의해 실현된 것이다.[54]

제주도에 일본기술조사단을 파견하자는 합의는 1971년 8월에 일본 외무성 회의실에서 개최된 제5차 한일각료회담에서 나온 것이다. 양국 대표들은 제주도의 관광개발과 공항시설 확장을 위한 종합기본계획수립의 필요성에 공감하여 일본 측에서 기술조사단을 파견하기로 합의한 것이다.[55] 당시만 해도 대규모의 관광개발에 투자할 예산확보가 사실상 불가능했던 우리나라 정부로서는 외국자본에 기댈 수밖에 없는 상황이었는데, 경주 보문관광단지의 조성에 필요한 1,000만 달러의 자금을 국제개발부흥은행(IBRD)으로부터 받은 상황인지라 국제금융기관으로부터의 추가지원은 어려운 상황이었을 것이다. 그런데 일본정부에서 뜻밖에 제주도의 관광개발에 투자할 의향을 피력하자 일본기술조사단의 파견이 합의되고, 4개월 후에는 현지 실사단이 제주도에서 임무를 수행하였던 것이다.

일본정부에서 제주도의 관광개발에 주목한 표명상의 이유는 한국의 경제재건에 필요한 원조를 제공하는 데 있었다. 1965년에 한일국교 정상화의 대가로 3억 달러의 무상원조를 포함해 총 8억 달러를 지불한 일본정부에서는 추가적인 무상원조는 수용할 수 없지만 직접투자와 기술지원은 할 수 있음을 한국정부에 통보하였다. 이런 관점에

---

54) 제주신문(1971. 12. 9). 「본도 개발 조사 착수, 일본기술조사단 내도로 본격화」.
55) 제주신문(1971. 8. 11). 「본도 관광개발에 획기, 한일각료회담 기술조사단 파견 합의」.

서 보면 제주도의 관광개발은 일본정부에서 한국을 지원하는 새로운 모델케이스로서 시험대에 올랐던 것이다. 그러나 한국에 대한 새로운 경제지원 방식이라는 표면상의 설명과는 달리 사실상 일본의 욕심을 채울 목적에서 제주도의 관광개발에 투자하고자 한 것이다.

히로시마와 나가사키에 투하된 원자폭탄으로 초토화의 위기에 직면한 일본정부의 투항으로 1945년 8월에 2차 세계대전이 종지부를 찍게 되었다. 그런데 불과 20년도 경과되지 않은 1964년에 아시아 최초의 올림픽을 성공적으로 개최하고, 1970년에는 경제올림픽이라고 불리는 엑스포도 개최하여 경제재건의 성공을 알린 일본인에게 적절한 보상은 당연한 것이었다. 1964년 도쿄 올림픽을 계기로 해외여행이 자율화된 일본이 선호한 근거리 관광목적지는 대만이었다. 그런데 일본과 중국의 수교로 양국 간의 국교가 단절된 1972년 이후에 대만을 대체할 새로운 관광목적지를 물색하던 일본정부로서는 제주도를 최적지로 평가하였던 것이다.

당시의 대만은 일본관광객이 선호하던 섹스관광지였다.[56] 그런데 국교단절이 불가피해진 시점에서 대체관광지가 절실한 일본정부에게 제주도는 이상적인 장소가 될 여건이 충분하였다. 대형 제트기종의 이착륙이 가능하도록 제주국제공항을 확장하거나 또는 1년 전에 일본항공이 제안한 바처럼 신공항을 건설한다면 수백 명의 남성 근로자가 탑승한 항공기가 2시간 남짓이면 도쿄에서 제주로 도착할 수 있다는 점은 뿌리치기 어려운 입지여건이었을 것이다. 제주도에서 현지 실사를 마친 일본기술조사단장은 입지조건은 최적이지만 열대의

---

56) 문(2002). 『동맹 속의 섹스』, pp.76~77.

섬과는 달리 기후가 고르지 못하고 경주처럼 고유한 문화도 없다는 결점을 지적하면서 은연중 일본관광객에게 어필할 수 있는 새로운 관광자원의 필요성을 암시하였다.57)

일본기술조사단이 작성하여 한국정부에 전달한 보고서의 내용은 교통부의 의뢰로 작성된 일본항공의 보고서와 별반 다를 바 없었다. 수려한 제주의 자연환경을 보완하는 수준에서 관광시설을 확충한다든지, 공항과 도로의 개선이 필요하다는 내용 등도 거의 흡사하였다.58) 오히려 일본항공에서 작성한 보고서의 내용이 충실하다고 해도 과언이 아니다. 그런데 일본정부에서 파견한 기술조사단이 작성한 보고서의 내용을 둘러싸고 일본 정부 관계자와 일본 의원 간에 격렬한 논쟁이 벌어졌다. 1973년 10월 9일에 중의원에 개최된 비공개 심의에서 보고서의 곳곳에 등장한 '야간활동(nightlife)'의 실체를 놓고 사회당 소속의 코바야시 수수무(Kobayashi Susumu) 의원은 심각한 우려를 표명하였다. 즉 제주도를 일본관광객을 위한 야간활동의 메카로 조성하자는 방안은 결국 정부예산으로 기생관광을 장려하는 것이나 마찬가지라는 점을 지적한 것이다. 배석한 교통부와 재무부, 사법부, 그리고 농림수산부 장관의 두루뭉술한 해명을 들은 코바야시 수수무 의원은 "한국은 일본인을 위한 성욕 배출구(sex toilets)가 아니다"라는 최후의 일격을 가했다.59)

일본의 남성 관광객을 위한 기생파티의 메카로 제주도를 조성하고자 한 일본정부의 계획은 사실상 좌초되었다. 이 여파로 인해 논의되

---

57) 제주신문(1971. 12. 16), 「일본 조사단장 회견, 자연관광지로 최적」.

58) 제주신문(1972. 6. 17), 「일본 측의 제주도관광개발계획조사보고 요지, 제주도관광개발은 유망」.

59) Leheny(2003), *The Rules of Play: National Identity and the Shaping of Japanese Leisure*, pp.95–98.

던 신공항이 좌절되었는지도 모른다. 비록 일본정부로부터는 별다른 투자지원을 받지는 못했지만 제주도가 세계적인 섹스관광지로 낙인 찍힐 위기는 벗어날 수 있었다. 만약 제주도가 일본관광객을 겨냥한 섹스관광목적지로 조성되었다면 극소수 남성관광객을 제외하면 제주는 외톨이가 되었을지 모른다. 가족과 커플, 수학여행단이 주류인 현재의 제주관광이 가능해진 공로의 일부를 일본인 의원에게 돌려야 한다니 씁쓸한 감정을 감추기 어렵다.

악덕상인의 처벌을 요구한 관광안내원들

현지사정에 어두운 관광객을 대상으로 터무니없는 가격을 매기는 것은 동서고금을 막론하고 공통적인 현상이다. 공적인 여행이 아니라 즐거움을 추구하려고 낯선 관광지를 방문한다는 자체가 재력가임을 나타내는 지표로 해석되기에 관광객은 바가지의 대상이 되었을 것이다. 상대적으로 빈곤한 지역을 여행하는 관광객이라면 현지인보다 비싼 가격을 용인하는 것도 일종의 노블레스 오블리주(noblesse oblige)로 간주하기에 일정수준의 바가지는 관행화되어 왔다. 그러나 관광이 대중화되면서 관광객이 된 일반서민으로서는 단지 일시적으로 관광객이 되었다는 점 때문에 터무니없는 가격을 수용하기는 무척이나 힘들 것이다. 이런 점에서 국내외 관광지에서 바가지는 결코 무시할 수 없는 부작용이지만 여전히 근절되지 않고 있다.

바가지를 씌운다는 표현은 구한말에 등장하였다고 한다. 개화기 이후 중국에서 들어온 '십인계'라는 노름은 1에서 10까지 숫자가 적힌 바가지를 이리저리 섞어 엎어 놓고, 물주가 어느 수를 말하면 노름 참가자는 그 수가 들어 있는 바가지에 돈을 갖다 댄다. 이때 그 수가 적힌 바가지에 돈을 댄 사람은 못 맞힌 사람의 돈을 모두 갖지만, 만약 손님 중 아무도 맞히지 못하면 물주가 돈을 차지하는 노름이다. 이처럼 바가지에 적힌 수를 맞히지 못할 경우 돈을 잃는 까닭에 터무니없이 손해 보는 것을 '바가지 썼다'고 하게 된 것이다.[60]

관광객에게 바가지를 씌우는 품목은 토산품이 제격이었다. 제주도 당국에서는 토산품에 정찰요금을 부착하도록 계도하였지만 정작 단체관광객이 몰려들면 슬쩍 가격표를 떼어낸 후 2배 이상의 요금을 청구하는 것도 다반사였다.[61] 일부 토산품 판매점에서는 바가지요금을 정찰요금인 것처럼 달아 놓기도 하였다.[62] 또한 물정이 어두운 외국인 관광객에게는 산림청장의 허가가 있어야 반출이 가능한 꿩과 올빼미 박제를 마치 반출이 자유로운 것처럼 속여 고가로 판매하는 토산품 판매점도 있었다.[63] 이런 시기에 일선의 관광안내원들이 토산품 판매점의 비윤리적인 상혼을 단속하라는 진정을 내기에 이른다.

1972년 6월에 9명의 관광안내원은 관광객에게 부당요금을 청구할 뿐만 아니라 관광안내원에게 행패까지 부리는 악덕 토산품 판매점의 단속을 행정당국에 요청하였다.[64] 진정내용에 의하면 터무니없는 가격으로 토산품을 구매한 사실을 관광객에게 알려 준 것에 분통이 난

---

60) 박영수(2007), 『우리말 뉘앙스 사전』, pp.199~200.

61) 제주신문(1970. 10. 19), 「단체손님 몰려들면 정찰 떼버려」.

62) 제주신문(1972. 4. 11), 「손님쟁탈전도 벌여, 정찰제 외면한 토산품점」.

63) 제주신문(1972. 5. 23), 「손님들에 골탕 공항 토산품점」.

64) 제주신문(1972. 6. 9), 「관광제주 망쳐 놓는 악덕상인 단속하라」.

토산품 판매점에서 가족들까지 동원하면서 관광안내원에게 행패를 부렸다는 것이다. 아마도 업주로서는 제주도 토산품 판매점의 바가지 요금의 실상이 알려진 상황이므로 관광객도 위험부담을 감수하고 구매를 결정하였는데 관광안내원이 훈수를 둔 격이라고 생각했을지도 모른다. 경위야 어떻든 간에 관광객에게 부당요금을 청구하는 것을 합리화해서는 안 될 것이다.

제주공항 미화를 위해 한라산 노가리나무 벌채

1967년 4월 26일에 제주비행장이 제주국제공항으로 승격된 이후 대형항공기의 이착륙이 가능한 활주로의 필요성에 대해서는 정부 당국에서도 긍정적이었지만, 이용객을 위한 편의시설의 보강에는 정부 당국과 제주도에서도 미온적이었다. 1970년대 초의 제주국제공항의 대합실은 비좁기 그지없었고, 준비된 의자는 20개에 불과하여 대합실에서는 앉을 자리조차 찾기 어려웠다.[65] 또한 제주국제공항이 정전되는 사건도 적지 않았는데 1973년의 1월에는 국제선 이용객이 출국수속을 하는 1시간 동안에 6번이나 정전되어 촛불을 밝혀 수속처리를 하기도 하였다.[66]

제주국제공항의 불편함에도 불구하고 제주도에서는 별다른 조치를 취하지 않았다. 제주국제공항은 제주도의 관할대상이 아닐뿐더러 당

---

65) 제주신문(1972. 6. 15). 「손님 푸대접에 비난, 의자조차 모자란 제주국제공항」.
66) 제주신문(1973. 1. 5). 「공항에 촛불도 등장, 정전 여파 관광제주도 망신」.

시의 열악한 재정으로는 편의시설의 개선에 투자할 여력이 충분하지 않았을 것이다. 그러나 제주도의 첫인상을 좌우하는 관문인 제주국제공항의 불편함을 방관만 할 수는 없었을 것이다. 그래서인지 제주도에서는 대합실 등의 물리적 시설물에 대한 투자가 아니라 공항 구역에 정원을 가꾸는 사업을 추진하였다. 즉 공항의 여기저기에 관상수를 식재하여 이용객으로부터 호의적인 감정을 형성하고자 한 것으로 보인다.

제주국제공항의 미화를 위해 선택된 수종은 한라산에서 자생하는 노가리나무, 즉 주목(朱木)나무이다. 주목이라는 명칭은 심재가 유난히 붉어 붙여진 이름이다. 제주도의 관문인 제주국제공항에 막 도착한 관광객의 시야에 향토수종인 노가리나무가 들어오면 자연스럽게 제주다움에 대한 기대가 형성될 것이다. 이런 관점에서 공항에 노가리나무를 식재한 것이라면 시내 중심가에 아열대성 가로수를 식재하는 것은 모순일지도 모른다. 즉 남국의 정취를 물씬 풍기기 위해 시내 중심가에 종려나무와 야자수를 식재하자는 대대적인 캠페인이 시작된 시점이므로 제주도의 첫인상을 좌우하는 관문인 공항에 아열대성 수종을 식재해야 소기의 목적을 달성할 수 있었을 것이기 때문이다. 공항에서 향토수종에 노출되었지만 곧바로 시내의 중심가에 식재된 아열대성 가로수를 본 관광객은 인식의 혼란을 느꼈을지도 모른다.

제주국제공항의 미화를 위해 선택된 노가리나무는 구상나무와 더불어 한라산을 대표하는 자생식물이다. 그럼에도 불구하고 한라산의 국유림에서 자생하던 수령 100년생 이상의 노가리나무의 이식이 결정되었다. 108본의 노가리나무 중에는 수령이 200년생 이상도 포함되어 있었는데 해수(海水)에 취약하다는 전문가의 지적에도 불구하고 공사는 강행되었다.[67] 그런데 대략 6개월 정도가 경과된 시점에 점검

한 결과에 의하면 식재된 100여 본의 노가리나무의 80%가 부분적으로 고사하거나 죽고 있는 것으로 조사되었다.[68]

현재의 제주국제공항에는 높이가 10여 미터 이상의 야자수가 식재되어 있다. 공항에 도착한 관광객의 시선이 닿는 첫 번째 대상은 야자수이지만, 공항에서 신제주로 연결되는 공항로에는 향토수종인 먼나무와 구실잣밤나무 등이 식재되는 등, 제주 시내 곳곳에 식재된 아열대성 가로수가 향토수종으로 교체되고 있다. 그래서 공항에는 노가리나무 등의 향토수종을 식재하고 시내 중심가에는 종려나무 등의 아열대성 가로수를 식재하던 1970년대와는 정반대의 상황이 진행되고 있다. 제주국제공항에 식재된 야자수는 이식하기도 힘들뿐더러 관광객의 사진촬영명소로도 각광받고 있는 점을 감안하면 야자수가 제주도의 첫인상을 좌우하고 있는지도 모른다. 다만 야자수의 바로 밑에 놓인 돌하르방이 '여기는 괌(또는 발리 등의 열대 섬)이 아니라 대한민국의 섬'이라고 넌지시 알려 주는 것 같기도 하다.

무경험 10대 소년이 유람선 운전

서귀포 앞바다의 섬들은 낚시 애호가의 가슴을 설레게 하는 천혜의 낚시터이다. 별다른 관광자원이 개발되지 않았던 1960~70년대에 일본인 관광객의 발길을 제주도로 옮길 수 있었던 매력은 낚시와 수

<hr>

67) 제주신문(1972. 6. 15). 「공항미화에 좀 먹히는 한라산」.
68) 제주신문(1973. 1. 16). 「국제공항 노가리나무 죽어가, 마구잡이 미화의 단면」.

렵이었다. 연근해의 오염과 남획의 결과로 예전보다는 못하지만 서귀
포 앞바다의 아기자기한 크기의 섬에는 월척을 기대하는 낚시꾼들이
적지 않다.

서귀포 앞바다의 무인도에서 낚시를 하려면 배를 이용하는 수밖에
달리 방법이 없다. 무인도에는 정기여객선이 운항하지 않으니 유람선
이나 낚싯배를 이용하는 것은 예나 지금이나 마찬가지다. 그런데
1970년대 초에 낚시꾼들을 무인도에 실어 나르던 유람선이 항해경험
이 일천한 10대 소년에 의해 운전되었다고 한다. 전문적인 항해교육
도, 바다에서의 항해경험도 거의 없는 10대 소년이 유람선을 운전하
다 보니 짙은 해무가 발생하면 방향을 잡지 못하고 표류하는 일도 잦
았다고 한다.[69]

지금이라면 있을 수도 없고, 있어서도 안 되는 상황이지만 아마도
당시에는 관리통제의 사각지대에 놓여 있었던 것으로 보인다. 비록
행정당국의 눈길이 직접 닿지는 않았다 하더라도 10대 소년이 운전
하는 낚싯배의 존재를 누구보다 잘 알고 있는 낚시꾼이라면 나름대
로의 조치를 취했을 것이다. 예를 들어 선장의 교체를 요구한다든지
또는 유자격자의 낚싯배를 이용한다든지, 아니면 행정당국에 시정을
요청하는 행동이 있었을 것이다. 그런데 항해 중 표류하는 일이 잦았
지만 여전히 10대 소년이 운전하는 낚싯배에 많은 낚시꾼들이 탑승
한 점으로 미루어 보면, 낚시꾼에게는 선택 가능한 다른 낚싯배가 없
었다고 해석할 수 있다.

낚시가 주목적인 관광객이 적지 않았던 시절이므로 낚시꾼을 실어

---

69) 제주신문(1972. 7. 3), 「위험한 관광지 유람선, 경험 없는 10대가 운전, 길 잃기도」.

나르는 사업은 경제성이 충분했을 것이다. 그렇다면 항해경험이 풍부한 선장이 운전하는 낚싯배들도 적지 않았어야 하지만 당시에는 위험을 감수해야 하는 10대가 선장인 낚싯배가 운행되고 있었다. 추정하건대 10대가 운전하는 낚싯배는 본래 아버지가 선장이었지만 불의의 사고로 인해 조업 중 사망하였거나 또는 신체적 장애로 인해 선장으로서의 역할을 더 이상 수행할 수 없게 되었을지 모른다. 아마도 오래전부터 아버지가 운전하던 낚싯배의 단골이었던 낚시꾼은 졸지에 가장이 된 소년의 처지를 이해했기에 다소간의 위험을 감수했을 수 있다. 이런 맥락이라면 낚싯배 사업에 경험 많은 선장들을 찾기 어려웠던 정황도 설명될 수 있다.

10대 소년이 운전한 낚싯배의 목적지는 문섬과 숲섬(또는 섶섬), 새섬 등의 무인도였다. 문섬(蚊島)이라는 명칭은 한겨울에도 모기(蚊)가 죽지 않을 정도로 따뜻하다고 해서 붙여졌다고 한다. 바로 지척의 범섬과 더불어 문섬 일원은 2000년부터 천연보호구역으로 지정되어 원칙적으로 갯바위 낚시를 할 수 없게 되었다. 그러나 무단출입하는 낚시꾼들이 납봉과 낚싯줄, 폐그물 및 각종 폐기물을 무단 투기하여 해양생물의 생육환경과 해안경관의 훼손이 심각하다는 보고서가 2005년에 제출된 바 있다.[70) 숲섬은 우리나라에서 유일하게 천연기념물 제18호로 지정된 파초일엽과 야생귤나무인 홍귤이 자생하는 섬이다.[71) 2000년에 낚시꾼이 버린 담배 불씨로 추정되는 화재를 진화하는 도중에 1명의 소방대원이 사망하고 생태계에 심각한 훼손이 발생한 이후에는 섬의 출입을 제한하고 있다.[72) 2009년에 새연교라는 명

---

70) 제주일보(2005. 2. 8). 「문섬·범섬 일대 환경 훼손 심각」.
71) 제주일보(2008. 11. 7). 「제주 무인도 답사 대장정 4년 만에 마무리」.

칭의 다리로 연결된 새섬에는 낚싯배가 오고갈 필요성이 없어졌다. 따라서 문섬과 숲섬 그리고 새섬으로 낚시꾼을 실어 나르던 낚싯배는 더 이상 볼 수 없게 되었다.

---

72) 한겨레(2000. 2. 14). 「제주 숲섬서 불, 소방대원 1명 숨져」.

제4장

1973~1976

제주~서울노선의 항공기에 단 1명만 탑승

1973년 7월 16일 오전 7시 20분에 제주를 출발한 서울행 항공기에는 단 1명의 승객이 탑승하였다고 한다. 탑승객은 서울에 거주하는 여성으로 알려졌는데 62인승의 YS-11기를 마치 개인 전용기처럼 이용한 승객은 예상하지 못한 상황에 오히려 불편한 여행이 되었는지 모른다. 1973년 7월에 1명의 승객이 탑승한 항공기가 공항을 이륙한 것은 대한항공이 취항한 이래 처음이었다고 한다.[1] 1986년의 7월에는 제주를 출발해 서울로 향한 242석의 A300기에 단 1명의 승객이 탑승한 사례가 두 차례나 있었다고 한다.[2] 그리고 1992년 9월 13일 오전 8시 30분의 여수행 항공기 109개의 좌석에 착석한 승객도 단 1명이었다고 한다.[3]

---

1) 제주신문(1973. 7. 18). 「손님 단 1명 태워, KAL 16일 아침 서울行에」.

2) 경향신문(1986. 7. 18). 「장마로 피서객 줄어 제주서 1명 태우고 이륙」.

3) 경향신문(1992. 9. 19). 「추석연휴 국내선 승객 34% 증가」.

정규 편성된 노선의 항공기에 단 1명의 승객이 탑승하는 사례는 항공수요가 증가하면서 흔치 않게 되었다. 그런데 2008년 4월 13일에 무안국제공항을 출발하여 대만의 타이베이로 향한 182인승의 에어버스 321기에 탑승한 승객은 단 1명이었다고 한다.[4] 이처럼 국제선 항공기에 단 1명의 승객이 탑승한 사례는 항공수요가 많지 않았던 1960~1970년대에는 종종 있었던 것 같다. 서울을 출발하여 타이베이가 기착지였던 중화항공(CAL) 소속의 보잉 727기의 기내에는 단 1명의 중국인만 탑승하였다는데, 108인승의 보잉 727기가 타이베이를 출발할 적에도 3명의 중국인만이 탑승하였다고 한다.[5]

제주국제공항을 출발하여 서울로 향하는 항공기에 단 1명의 승객이 탑승한 사례는 1992년에 있었다고는 하지만 현시점에서 제주국제공항을 이용한 경험이 있다면 쉽사리 믿겨지지 않을 것이다. 2009년에 제주국제공항의 이용객은 1,302만 명이었고, 하루에 159편이 운항하는 제주~김포 노선은 운항횟수에 있어 단일노선 가운데 세계 1위라고 한다.[6] 1992년에 단 1명이 탑승한 이래 불과 17년이 경과되었을 뿐인데 제주~김포 노선이 세계에서 가장 바쁜 구간이 되었다니 격세지감이라 할 만하다.

---

4) 노컷뉴스(2008. 4. 23). 「승객 달랑 한 명, 무안국제공항 무안(無顔)하네」.
5) 경향신문(1971. 2. 4). 「정원 백8석 CAL기 1명 타」.
6) 제주일보(2010. 5. 19). 「제주 관광객 수요 폭발, 신공항 당위성 확실」.

제주가 서울을 따라 한다고 생각한 관광객들

중앙대학교 제주학우회는 제주항과 제주국제공항에 도착한 관광객에게 관광정보를 안내하고, 제주관광을 마치고 떠나는 관광객을 대상으로 설문조사를 실시하였다. 1973년 7월 22일부터 8월 7일까지 17일간 300명의 관광객을 대상으로 설문조사가 이루어졌다. 제주도의 전반적인 인상을 묻는 문항에 대해 응답자의 55%가 긍정적으로 답변하였고, 응답자의 35%는 부정적이라고 답변하였다. 또한 관광객을 대하는 제주도민의 표정에 대해 응답자의 15%만이 친절하다고 답변한 반면, 불친절하다는 응답이 36%이고 무뚝뚝하다는 응답도 21%로 조사되었다.[7]

제주도가 이국적인 정취가 풍기는 섬인지 여부를 묻는 질문에 대해 응답자의 75%가 부정적으로 답변하였다. 그런데 남국의 정취가 물씬 풍기는 섬으로 거듭나고자 종려나무 등의 아열대성 가로수를 식재하는 대대적인 캠페인이 시행되던 시점이었는데 관광객들의 반응은 예상외로 부정적이었다. 한반도의 최남단에 위치하여 아열대성 기후를 체감할 수 있음에도 불구하고 설문에 응답한 대다수 관광객들은 제주도가 이국적인 섬이라는 질문에 동의하지 않았다. 즉 제주도에서도 획일적인 도시계획이 추진되면서 제주적인 정취는 느껴지지 않고 마치 서울이 연상되는 '제주도의 서울化'로 인해 이국적인 이미지가 느껴지지 않는다는 것이다.

제주도의 개발방향이 지역적인 고유성은 반영하지 않고 서울을 지

---

7) 제주신문(1973. 8. 15), 「일그러진 관광제주, 불친절·무뚝뚝이 57%」.

향한다는 우려의 목소리는 이전에도 제기되었다. 1972년 1월에 크리스천 아카데미가 주관한 제주도 개발의 미래계획을 논의한 세미나에서 이어령, 당시 이화여자대학교 교수는 '제주의 서울化'는 장차 큰 손실이 되므로 제주적인 개발을 지향해야 한다고 제시하였다. 예를 들어 전통적인 돌담을 버리고 시멘트로 감귤원의 담장을 쌓는다든지, 초가지붕을 스라브(표준어는 슬레이트) 지붕으로 개량한다면 머지않은 장래에 후회하게 될 것이라고 문제를 제기한 바 있었다.[8] 1973년 5월에 내무부에서도 가급적 스레이트(표준어는 슬레이트) 일변도의 지붕개량은 지양하고, 관광지 주변에는 토(土)기와를 사용할 것을 제주도에 지시한 바 있었다.[9] 즉 제주도의 초가지붕을 천편일률적인 스레이트로 개량하지 말고 원형을 보전하면 훌륭한 관광자원이 될 수 있다는 의미인 셈이다.

1970년대 초부터 본격적으로 제기된 제주적인 것, 즉 제주다움은 여전히 소수의견으로 치부되고 있다. 현시점에서도 '제주적인 것이 세계적인 것'임을 내세우는 제주다움은 개발을 저해하는 발목잡기로 치부될 뿐이다. 40년 전에 제주도를 방문한 관광객들은 서울을 쫓아가는 제주도의 도시계획에 우려를 표명하였지만 240m 높이의 50층 호텔건립계획이 일사천리로 통과되었다. 제주 도심의 한복판에도 218m 높이의 주상복합건축 계획도 통과되어 서울의 랜드마크인 249m 높이의 63빌딩과도 견줄 수 있게 되었다. 이런 점에서 제주도에서는 서울을 거의 따라잡았다고 생각하겠지만 640m 높이의 서울 DMC 랜드마크 빌딩이 2009년도에 기공되었다. 제주도로서는 서울은

---

8) 제주신문(1972. 1. 24). 「제주는 제주的이라야 한다」.
9) 제주신문(1973. 5. 26). 「관광지는 토기와로, 지붕개량 스레이트 일변도 지양」.

따라잡으려고 할수록 멀어지는 대상일지도 모른다.

여행알선요강에 근거한 입도신고서 의무화

제주관광의 고질적인 병폐로 거론되던 과당경쟁과 호객행위, 부당
요금을 근절하고자 제주도에서는 「여행알선요강」을 제정하여 1974년
2월부터 시행을 예고하였다. 주요 내용으로는 여행알선업체로 하여
금 외국인 관광객의 숙박업소는 관광호텔을 알선해야 하고, 내국인
관광객은 지정관광업소로 알선토록 하여 무질서의 본거지로 지목되
던 비지정 관광업소의 자정을 꾀하고자 하였다. 또한 단체관광객을
인솔하는 여행알선업체는 공항 및 부두에서 입도신고서를 작성하여
제주도 당국에 제출하도록 의무화하였다.[10]

제주도를 방문한 관광객에게 입도신고서의 작성을 의무화한 까닭
은 관광통계의 정확성을 확보하기 위해서였다. 예나 지금이나 마찬가
지지만 제주도에서 작성한 관광통계의 신뢰성에 의문을 제기하는 목
소리는 여전하다. 예를 들어 관광전세버스와 숙박업소의 가동률이 전
년 대비 1/3 수준으로 감소되었는데 제주도에서는 관광객이 증가하였
다고 발표하였다고 한다.[11] 전년보다 관광업체의 수가 급증하였다면
관광객의 분산으로 야기된 일종의 착시로 해석할 수도 있지만 불과
1년 만에 관광전세버스업체와 숙박업체의 수가 급증할 여건이 조성

---

10) 제주신문(1974. 1. 16). 「무질서한 알선 규제, 여행알선요강 2월부터 실시」.
11) 제주신문(1967. 8. 29). 「절름발이 관광사업, 손님은 풍년인데 업체는 개점휴업」.

되지 않았던 시점이었다. 따라서 제주도 당국에서도 인정한 바처럼 관광통계의 신뢰성이 의심받을 수밖에 없었다.

정확한 관광통계의 중요성을 인식한 제주도에서는 관광객으로 하여금 입도신고서의 작성을 종용하기에 이른다. 당시에는 제주국제공항 및 제주항에 단체관광객이 도착하면 입도신고서를 작성하라는 제주도 당국의 관계자와 여행알선업체 관계자 간에 실랑이가 벌어지곤 했다고 한다. 입도신고서의 작성을 요구받은 내국인 관광객은 제주도가 외국도 아닌데 차라리 비자발급업무를 취급하라는 비아냥거림과 불쾌감을 감추지 않았다고 한다. 더구나 입도신고서의 항목에는 동반인원과 성별, 체재기간, 여행목적, 투숙 장소, 대절차량에 대한 정보뿐만 아니라 1인당 비용과 직업까지 기재토록 하여 관광객의 반감을 초래할 수밖에 없었다.[12]

국내에서 관광객이 신고서를 작성해야 방문할 수 있는 장소는 독도가 유일할 것이다. 1982년에 천연기념물 제336호로 지정되어 문화재보호법 제33조에 근거하여 일반인의 출입이 통제된 독도가 2005년부터 동도에 한해서 입도신고서를 작성하면 출입할 수 있게 변경되었다. 독도 입도신고서의 항목으로는 성명과 주민등록번호, 주소, 입도목적 등의 최소한의 기본정보만 기재토록 되어 있다. 제주국제공항과 제주항 터미널에서 입도신고서를 작성할 필요는 오래전에 없어졌지만 우도와 마라도 등의 부속 섬을 방문하려면 도항승선신청서를 제출해야 한다. 관광객으로 하여금 도항승선신청서를 작성하도록 하는 까닭은 정확한 관광통계의 수집이라는 면도 있지만 만에 하나 해난사고가

---

12) 제주신문(1975. 4. 8), 「말썽의 씨, 입도 신고」.

발생하면 신원을 확인할 유일한 증거가 될 수도 있기 때문이다.

제주 KAL호텔 개관

1974년 2월 18일에 제주KAL호텔의 개관을 축하는 행사가 개최되었다. 1972년 10월에 착공한 제주KAL호텔은 26억 원의 공사비가 투입되어 지하 2층, 지상 18층의 철근콘크리트 건물로서 320개의 객실을 갖춘 대규모 호텔이다.[13] 1963년에 완공된 제주도의 첫 번째 민영호텔인 제주관광호텔의 객실 수가 30여 실에 불과하다는 점만 봐도 제주KAL호텔의 개관이 지역사회에 미친 영향력을 짐작해 볼 수 있다. 개관 당시에도 한강 이남의 최대 규모의 호텔이라는 명성을 얻은 제주KAL호텔이 들어선 부지의 바로 맞은편에 제주관광호텔이 운영 중이었다. 이처럼 지상 18층의 거대한 신축호텔이 완공됨에 따라 바로 지척에 있는 제주관광호텔은 초라해 보일 수밖에 없게 되었다.

제주도 최초의 민영호텔인 제주관광호텔은 재일동포의 투자에 의해 건립된 의미 있는 시설이다. 1963년에 완공된 제주관광호텔은 자수성가한 재일동포인 김평진이 전액 출자하여 건립되었다. 제주도의 관광개발史에 커다란 족적을 남긴 김평진은 제주교육史에도 중요한 공적을 남겼다. 당시에 어려움을 겪고 있었던 제주여자학원의 경영권을 인수한 후 새로운 부지에 학교건물을 신축하여 오늘날의 명문사학으로 육성하였던 것이다. 김평진이 인수한 제주여자학원은 제주관

---

13) 제주신문(1974. 2. 18). 「KAL호텔 개관, 연 10만 손님 유치」.

광호텔과 마주보는 부지에 있었는데, 학교의 이전으로 남겨진 부지에 제주KAL호텔이 신축되었던 것이다.

제주KAL호텔은 건물 높이가 72m이고 해발높이는 123.5m이다. 당시에는 4~5층의 건물도 흔치 않았는데 18층 높이의 호텔건물이 완공되자 지역사회의 반응은 경이감이라기보다는 냉담함에 가까웠다. 즉 제주도 관광개발의 발전을 상징하는 랜드마크로 받아들인 것이 아니라 한라산의 조망을 방해하는 일종의 천덕꾸러기로 받아들인 제주도민이 적지 않았다. 왜냐하면 제주도 전역에서 시선을 돌리면 한라산을 조망할 수 있는데 제주KAL호텔이라는 인위적인 시설물로 인해 한라산의 조망이 방해받는 상황이 현실화되었기 때문이었다. 제주도에서 유일하게 한라산을 바라볼 수 없었던 장소는 135m 높이의 오름이 마을 앞에 놓인 고내里뿐이었는데, 제주시의 한복판에 갑자기 들어선 호텔 건물로 인해 한라산의 조망이 방해받게 되자 제주사회의 여론이 냉담해질 수밖에 없었다.

제주KAL호텔이 완공된 당시에는 건물높이를 규제하는 법률이 정비되지 않았지만 한라산의 조망을 방해한다는 여론이 심각해지자 제주시에서는 항공법에 의한 고도제한의 높이를 제주KAL호텔의 해발높이(123.5m)를 기준으로 설정하였다.[14] 1974년에 완공된 제주KAL호텔은 현시점에서도 제주도의 최고층 건물로 남겨져 있는 것만 봐도 제주사회에서 한라산의 조망권이 차지하는 영향력을 짐작해 볼 수 있을 것이다.

---

14) 제주일보(2008. 10. 23), 「제주국제자유도시도 초고층빌딩시대 열린다」.

해수욕장 점용으로 원성을 산 제주KAL호텔

유흥시설 영업을 둘러싼 지역 업체와의 홍역을 치른 지 2개월도 채 되지 않아 제주KAL호텔은 또다시 여론의 도마에 올려졌다. 금번 논란은 제주시 함덕에 위치한 해수욕장의 탈의장 1곳의 관리권한을 이양받은 제주KAL호텔에서 일반 피서객의 출입을 통제함으로써 벌어졌다. 외래 관광객 지정 해수욕장이라는 팻말을 세우고 사실상 제주KAL호텔에 투숙한 관광객을 위한 전용 해수욕장으로 운영하다가 여론의 질타를 받게 되었던 것이다.[15]

제주시의 대표적인 여름 피서지인 함덕 해수욕장의 일부가 특정기업체의 전용 해수욕장으로 운영된다는 언론보도가 나가자 제주KAL호텔에서는 탈의장 운영을 중단하였다. 애초 7월 20일부터 8월 31일까지 제주KAL호텔에서 함덕 해수욕장까지 하루에 4회 왕복하는 호텔버스를 운영할 계획이었지만 8월 5일자의 기사로 인해 물의가 빚어지자 1주일 후인 8월 12일에 함덕 해수욕장으로부터 완전히 철수하였다.[16]

이용제한이 없어야 할 해수욕장의 한편에 탈의장을 관리한다는 명목으로 사실상 제주도민의 출입을 제한한 조치는 위화감의 논란을 초래할 수밖에 없었다. 즉 대한항공의 항공기를 이용하여 제주도에 도착한 관광객이 투숙한 제주KAL호텔에서 제공한 호텔버스를 타고 제주KAL호텔 지정 해수욕장에서 피서를 즐기는 장면은 구별짓기

---

15) 제주신문(1974. 8. 5). 「피크 이룬 바캉스, KAL의 해수욕장 점용도 말썽」.
16) 제주신문(1974. 8. 13). 「함덕 해수욕장서 KAL호텔 철수」.

(distinction)라는 논란을 피해 갈 수 없었을 것이다. 제주KAL호텔 측에서는 고객에게 최상의 서비스를 제공할 의도에서 해수욕장의 일부공간을 전용한 것이겠지만 사전에 지역사회로부터 동의를 받지 않아 불필요한 오해를 좌초한 측면이 적지 않았다.

제주KAL호텔에 투숙한 외래 관광객과 일반 피서객을 분리하여 논란이 된 함덕 해수욕장은 1983년에 제주도의 첫 번째 국민관광지로 개발되었다.[17) 국민관광지란 국민복지관광정책의 일환으로 국민이 저렴한 비용으로 여가를 즐기고 휴식할 수 있도록 조성된 지역으로 국민이라면 누구든지 이용할 수 있다. 이런 점에서 구별짓기의 논란이 벌어졌던 함덕 해수욕장의 과거 전력이 제주도의 첫 번째 국민관광지로 개발된 배경이 되었는지도 모른다.

관광업체에 신상필벌의 원칙 적용

일상거주지를 일시적으로 벗어나서 상대적으로 낯선 관광목적지를 방문한 후 귀환하는 활동인 관광은 근대 이전만 해도 극소수 계층만이 누릴 수 있는 특권이었다. 근대관광의 아버지로 불리는 토마스 쿡(Thomas Cook)에 의해 패키지 관광 상품이 등장한 1841년 이후부터 서서히 저변을 넓혀간 관광이 오늘날처럼 대중화된 시점은 2차 세계대전이 종료된 이후부터이다. 그리고 베를린 장벽의 붕괴로 동서냉전이 종료된 1980년대 후반 이래의 관광은 '삶의 질(quality of life)'을 좌

---

17) 교통부(1991), 『1991년도 관광동향에 관한 연차보고서』, p.72.

우하는 중요한 요인임을 인정한 국가에서 사회관광 또는 복지관광으로 구현되고 있다. 그동안 국가정책의 우선순위에서 뒷전에 있었던 관광이 전면에 등장함으로써 마침내 빛을 발산할 수 있게 되었다.

스웨덴 등의 일부 국가에서는 일찍이 사회관광이 현실화되었지만 대다수의 선진국에서 관광활동은 개인의 선택적 활동으로 간주된다. 즉 관광은 국가에서 적극적으로 관여해야 할 사회복지의 영역에서 누락되어 왔지만 복지관광의 개념이 등장한 최근에서야 국가예산이 지원될 근거가 마련된 것이다. 우리나라의 문화체육관광부에서 시범적으로 시행 중인 여행바우처(travel voucher) 제도는 복지관광의 일환으로 정책화된 사업이다. 그런데 국가에서 국민의 관광활동까지 챙기게 된 시점은 최근이지만 사회복지의 일환으로 간주한 레저는 오래전부터 국가의 중요한 관심영역이었다. 무상으로 제공하는 빵과 포도주만 가지고 시민을 통제할 수 없었던 로마에서 거대한 목욕탕과 콜로세움이라는 레저시설을 운영했던 것처럼 오늘날에도 레저는 국가차원의 관심대상인 것이다.

최근에서야 국가적 관심을 받게 된 만큼 관광은 개인사업의 영역에서 성장하였다. 기본적으로 노동집약적인 서비스를 제공하는 사업이므로 관광은 '규모의 경제(economy of scale)'와도 거리가 멀었고, 과학기술에 의거한 혁신과도 동떨어져 있었다. 일상영역을 떠나야 하는 관계로 교통수단의 혁신은 관광사업의 발전에 지대한 기여를 하고 있지만, 고속철도와 항공기 등의 교통수단을 통제하고 있는 관광사업체는 없다고 해도 과언이 아니다. 오히려 관광사업체는 교통수단에 의해 휘둘려지는 대상으로 전락하는데, 항공사에서 일방적으로 가격을 인상해도 관광사업체로서는 항의조차 제기하기가 어렵다고 보는 것이 일반적이다. 특히 관광객의 이동수단으로 항공기의 비중이 매우 높은 제주도에서의 관광 사업은 외부 변수에 의한 불안정성에 취약할 수밖에 없는 구조이다. 이런 점에서 일부 대형 호텔건립을 제외하면 제주도의 관광시장은 영세한 개인 사업자에 의해 주도된 탓에 갖가지 문제점이 도사리고 있었다.

1960년대의 초부터 관광목적지로서 면목을 갖추기 시작한 이래 제주관광의 고질적인 병폐인 불친절과 부당요금 강요라든지 호객행위의 문제는 끊임없이 제기되었다. 제주공항에 도착하자마자 여행사와 택시기사의 극심한 호객행위에 시달리고, 관광기념품을 구매하려고 들어선 토산품 판매점에서는 엄청난 바가지를 당하고, 어디 가나 무뚝뚝하고 불친절한 응대에 지친 관광객의 불평에도 불구하고 개선의 기미는 보이지 않았다. 체계적인 사업모델을 구상할 수 없는 영세한 개인 사업체로서는 제주도에 도착한 관광객을 대상으로 기회를 엿볼 수밖에 없었다. 한정된 숫자의 관광객을 생계의 수단으로 삼은 개인 사업체가 증가하면서 극심한 호객행위와 바가지가 어찌 보면 당연시된 시절도 있었다.

국제적인 관광지로의 비상을 준비하던 1970년대의 중반에 이르자 제주도 당국에서도 더 이상 무질서와 혼탁을 방관만 할 수는 없다고 판단하였다. 마침내 관광업체를 대상으로 강력한 상벌제도를 실시할 방침을 마련하게 되었다. 우선 운수업체와 숙박업소의 부당알선행위가 적발되면 강력한 행정처분을 내리고, 모범업체는 포상하기로 한 것이다. 또한 요정업소의 불법영업이 지나치다는 여론을 반영하여 신규 요정업의 허가는 특색 있는 향토음식을 개발하는 조건으로 엄격히 규제하기로 한 것이다.[18]

관광업체를 대상으로 신상필벌을 적용하기로 한 제주도 당국에서
는 관광시장의 총량을 확대하는 방안도 검토하였다. 예를 들어 관광
객을 유치하고자 관광적금제도의 운영을 검토하였다는데 이 제도는
국제관광공사(현 한국관광공사)가 한일은행과 공동으로 마련한 바 있
었다. 1967년에 등장한 관광적금제도는 3회만 연체 없이 분할 불입하
면 전액을 융자받을 수 있고, 융자를 받지 않는다면 연 30%의 이자를
보장해 주는 구조였다고 한다.[19] 1979년에는 3~5년 안에 해외여행이
자율화될 것을 예상한 외환은행이 적금기간이 2~5년이며 건당
4,000~8,000달러를 지급하는 해외여행적금제도의 신설을 검토한 바
도 있었다.[20] 1984년에는 88서울 올림픽 개최와 국민생활수준의 향상
에 따라 관광수요가 늘어날 것에 대비하여 관광객에게 편의를 제공
하기 위한 관광은행의 설립도 검토된 바 있었다.[21]

관광적금제도는 국가에서 비용을 전액 지원하는 구조는 아니었지
만 복지관광의 초석을 놓은 것으로 볼 수 있다. 이런 점에서 1,000만
명의 관광객 유치라는 관광객총량확대를 추진하는 제주도로서는 관
광적금제도의 도입을 재검토해 볼 수도 있을 것이다.

---

18) 제주신문(1975. 4. 25). 「관광업체 상벌제, 적금제 등도 개발」.

19) 매일경제(1967. 3. 24). 「관광은 먼저, 돈은 나중에」.

20) 경향신문(1979. 2. 3). 「외환銀 해외관광적금제도 실시」.

21) 경향신문(1984. 1. 4). 「관광은행 설립 검토, 관광사업 지원·여행자 금융 전담」.

관광새마을운동의 전개

1975년 4월 25일에 제주도지사를 비롯한 기관장들과 관광업체 종사원 등 2,000여 명이 제주시민회관에서 명랑한 관광분위기 조성과 수용태세 확립을 다짐하는 관광새마을운동 촉진대회를 개최하였다. 지금도 마찬가지겠지만 당시의 궐기대회의 진행은 으레 3~5개의 연설이 연달아 서열순으로 이루어지고 나서 마지막으로 결의문의 채택과 구호제창을 한 후, 플래카드 또는 피켓을 들고 거리행진을 하는 것으로 마무리하는 것이 관례였다.

관광사업체를 대상으로 신상필벌의 원칙을 적용하겠다고 밝힌 제주도 당국에서는 제주도지사가 참석한 관광새마을운동 촉진대회에서 우수관광사업체에 감사패를 수여하였다.[22] 각계 기관장을 비롯하여 2,000여 명의 관광종사원이 집결한 행사장에서 시상을 함으로써 잘못된 관행을 엄단하겠다는 의지를 표명한 셈이 되었다.

관광새마을운동 촉진대회는 연례행사가 되었다. 1976년 4월 2일에도 제주도지사와 지역 국회의원을 비롯하여 2,000여 명이 참석한 대규모 촉진대회가 개최되었다. 이 행사에도 유공자에게 감사패를 전달한 후 시가행진으로 마무리되었다.[23] 1년 후인 1977년 4월에도 변함없이 관광새마을운동 촉진대회가 개최되었다.[24] 1978년 4월에도 어김없이 관광새마을운동 촉진대회가 개최되었다.[25]

---

22) 제주신문(1975. 4. 25). 「관광새마을운동에 점화, 유관업체원 등 2천여 명 모여 촉진대회」.
23) 제주신문(1976. 4. 2). 「생산적 관광윤리 확립, 2천여 명 모여 관광새마을대회」.
24) 제주신문(1977. 4. 15). 「믿고 찾는 곳으로, 관광새마을운동 촉진대회」.
25) 제주신문(1978. 4. 20). 「전도 관광새마을운동 촉진대회, 관광부조리 자체적으로 제거」.

　　1970년부터 전국적으로 시행된 새마을운동이 제주도에서 관광새마을운동으로 명칭이 달라진 시점은 1975년부터인 것으로 보인다. 그런데 관광새마을이라는 표현이 처음 등장한 곳은 제주도가 아니다. 1972년에 전북 완주군의 두방마을의 새마을 운동은 다른 마을과는 달리 우거진 숲을 배경삼아 소규모의 공원을 조성함으로써 소득과 직결되는 관광마을로 말끔히 단장되었다는 기사가 있기 때문이다.[26] 그런데 일개 마을의 자체적인 노력에 국한된 것이 아니라 행정기관에서 대대적으로 주도한 관광새마을운동이 등장한 지역은 제주도가 처음일 것이다.

　　1975년에 제주도에서 촉진대회가 개최된 관광새마을운동은 향후 전국적으로 영향을 미쳤다. 1976년 5월에 국제관광공사(현 한국관광공사)의 관광요원훈련원에서 관광새마을교육을 이수한 50명이 처음으로 배출되었다.[27] 역시 1976년 9월에 서울퍼시픽호텔에서 개최된 '세계관광의 날' 기념식에서 참석자들이 관광새마을운동의 성실수행을 약속하는 결의문을 채택하였다는 기사에서 미루어 보면 관광새마을운동의 원조는 제주도일 것으로 추정할 수 있다.[28]

　　지역발전이라는 대의명분을 내세워 국가적인 역점사업으로 추진된 새마을운동의 변형인 관광새마을운동이 달성하고자 한 목표도 제주도의 발전이었을 것이다. 농업 등의 1차 산업이 아니며 산업시설 등의 2차 산업도 아닌 관광이라는 3차 산업을 제주도의 성장 동력으로 설정하였던 것이다. 그런데 제주도의 토지를 대규모로 매입하던

---

26) 경향신문(1972. 5. 30). 「불붙은 새마을운동, 두방마을 전북 완주군 구이면」.

27) 매일경제(1976. 5. 17). 「관광새마을교육 1기생 50명 배출」.

28) 동아일보(1976. 9. 28). 「세계관광의 날 기념식」.

재벌기업을 바라보는 시선이 곱지 않았던 시기였으니 제주도를 국제적인 관광지로 육성하고자 한 국가의 구상에 반감을 느낀 제주도민도 적지 않았을 것이다. 그러나 감귤재배로 대학교육까지 거뜬하다는 뜻에서 붙여진 대학나무는 농업개방의 여파로 예전의 명성을 되찾기가 어려워진 현시점에서는 관광을 통한 지역개발의 효용성을 부인하는 제주도민이 사실상 거의 없다고 해도 과언이 아닐 듯하다. 이런 점에서 관광새마을 운동이 재연될 수 있는 사회적인 여건이 조성된 것으로 볼 수 있을 것이다. 그러나 관광을 통한 성장이 불가피하다는 점만 강조해서는 마지못해 궐기대회에 동참하던 전례를 답습할 소지가 다분하므로 절차와 분배의 공정성을 제도화하는 방안부터 모색해야 할 것이다.

대외변수로 인해 수학여행단 감소

제주관광의 초창기에 수학여행단은 무시하지 못할 중요한 고객이면서 한편으로는 골칫거리이기도 했다. 제주도의 학생과 패싸움을 하거나 또는 수학여행단 간의 충돌도 다반사였다. 학생들 간의 물리적인 충돌은 근절되는 듯했지만 고성방가와 성희롱을 일삼는 수학여행 온 학생들의 일탈은 제주도민에게 적지 않은 피해를 안겨 주었기에 골칫거리로 전락한 것이다. 그럼에도 불구하고 수백 명의 학생이 일거에 움직이기에 수학여행단이 지역경제에 미치는 기여도는 무시할 수 없었던 것이다.

　제주도를 방문하는 수학여행단의 성장추세는 여러 가지 대외변수로 인해 주춤거리게 되었다. 우선 제주항로에 취항하는 선박의 최대 승선인원이 500명 내외에 불과한데 평균적으로 일반 관광객이 300석 내외를 차지하면 200명 이상의 수학여행단은 시차를 두고 두 척의 배를 이용해야만 한다. 그런데 단체로 이동해야 하는 수학여행단의 특성상 분산할 바에는 제주도를 포기하는 편이 현실적인 대안이었던 것이다. 이런 문제점을 해결하려면 대형 여객선으로 교체하거나 또는 기존 선박의 활용도를 극대화하는 방안을 모색하는 수밖에 없었다.

　기존 선박의 활용도를 극대화하는 방안은 정원을 초과하여 승선시키는 것인데, 선박안전법 시행령 제29조에 명시된 특수선 검사에 의거하면 100명 내외의 초과 승선이 가능했다고 한다. 그래서 목포 해운국의 배려로 한 척의 선박으로 제주도에 도착하였지만 정작 제주도를 출발하려면 두 척의 선박으로 분산되어야 했기에 실효성이 없었던 것이다. 제주 해운국에서 특수선 검사를 시행하지 않은 까닭은 안전을 최우선으로 강조했기 때문일 것이다.[29]

　선박여행의 불편함과 아울러 새로운 대외변수가 수학여행단의 감소에 영향을 주었다. 1974년 10월에 새말 나들목~강릉 분기점 구간의 개통으로 영동고속도로로 수도권에서 강릉까지 이동할 수 있게 되면서 설악산을 비롯한 강원도의 관광명소에 수학여행단이 몰리게 되었다.[30] 이처럼 영동고속도로 개통의 여파로 1975년에 제주도를 방문한 수학여행단은 전년 대비 70%나 감소하였다.[31]

---

29) 제주신문(1974. 10. 18). 「단체관광객 급감현상, 선편운송문제가 主因」.

30) 동아일보(1975. 10. 15). 「새길 따라 명소 찾아(下), 새로 개통된 영동고속도로변의 관광지 현지 답사」.

31) 제주신문(1975. 10. 31). 「수학여행단 격감 영동고속도로 탓, 지난해보다 70%나」.

　　제주도의 수학여행 시장에 영향을 미친 세 번째 대외변수는 정부 정책이었다. 1976년 4월 9일에 문교부(현재의 교육과학기술부)는 「금년도 소풍 및 수학여행에 대한 지침」을 마련하여 전국의 일선 시·도 교육위원회에 시달하였다. 문교부의 새로운 지침은 원칙적으로 수학여행은 고등학교로 제한하여 초등학교와 중학교의 수학여행을 금지하였다. 고등학교의 수학여행도 80% 이상의 학부모가 희망하는 경우에 한해 실시하도록 하여 수학여행단의 시장규모가 일거에 축소되었던 것이다.[32] 또한 경비는 7,000원 이내로 하고 일정도 3박 4일로 제한함으로써 제주도의 수학여행 시장은 급속히 냉각되었다.[33]

　　한때는 골칫거리로 간주되기도 한 수학여행단이 여러 가지 대외변수로 인해 급속히 감소되었다. 그러나 카페리로 대변되는 대형 선박이 취항하고 최근에는 저가항공사의 출현으로 제주도의 수학여행 시장은 제2의 전성기를 맞고 있다. 그런데 항공편을 이용한 수학여행단이 집중되는 시즌에는 개별 관광객이 항공좌석을 구할 수 없어 제주관광을 포기하도록 하는 주범이라는 곱지 않은 시선도 있다. 제주를 방문하는 수학여행단을 환대하기보다는 항공좌석난을 가중시키는 저가관광단쯤으로 저평가하는 인식이 개선되지 않는다면 제주도의 수학여행 시장은 언제든지 빙하기에 접어들 수도 있을 것이다.

---

32) 경향신문(1976. 4. 9). 「문교부, 수학여행 고교생만」.
33) 제주신문(1976. 4. 14). 「봄철 단체관광객 감소, 수학여행 억제로」.

단체관광객을 우선시한 항공사

거리를 걷다 보면 상가의 전면에 부착된 '단체 환영'이라는 문구를 발견하기란 어렵지 않다. '단체 환영'이라는 문구는 흔히 식당에서 볼 수 있지만 기실 가장 광범위하게 사용되는 곳은 관광업계이다. '환영'이라는 용어가 누락되었을 뿐 관광객 유형을 '단체관광객'과 '개별관광객'으로 구분하고, 항공요금과 숙박요금, 관광지 입장요금표에서도 단체는 독립된 항목으로 분리되어 있다. 관광업계에서 입에 달고 산다고 해도 과언이 아닌 '단체'라는 존재는 중요성을 인정받아 특별할인요금을 적용받고 있다. 대략 10~30% 내외의 요금할인혜택을 받고 있지만 때에 따라서는 50% 이상의 파격적인 할인혜택이 단체관광객에게 주어지고 있다.

서비스산업으로 분류되는 관광은 유형의 상품과는 달리 장기간의 저장이 불가능하다. 물류창고에 재고로 보관할 수 있는 일반상품과는 달리 항공기의 좌석이라든지 호텔의 객실, 전세버스의 좌석이 당일 판매되지 않으면 재고의 개념으로 남겨지지 않는다. 인적 서비스에 의존하는 관광은 인건비 등 고정비용의 비중이 크고 추가비용은 많지 않은 구조이므로 객실이나 좌석 등이 판매되지 않으면 사실상 손실이 발생하는 것이다. 따라서 공실률을 최소화할수록 수익률이 높아지는 구조이므로 관광업계에서는 단체관광객의 유치에 전력을 다하고 있는 것이다.

관광사업체 중 고정비용이 높은 대표적인 업종으로는 항공업과 호텔업이다. 특히 기장과 스튜어디스처럼 종사원의 대부분이 고학력 전

문가로 구성되어 있고, 항공기의 연료라든지 공항슬롯요금 등의 고정
비용이 매우 높은 항공사업의 수익률은 탑승률을 높일 수 있는지에
달려 있다. 이런 점에서 항공사로서는 빈 좌석이 많은 상태로 항공기
를 운행하기보다는 할인요금제를 적용해서라도 좌석을 채우고 운행
하는 편이 낫다. 그래서 안정적으로 좌석을 채우고자 저렴한 요금으
로 일정좌석을 여행사에 사전에 배정하는 이른바 블록 할당이라는
항공사와 여행사 간의 상생전략이 일반화되어 있다.

할인요금제를 적용하여 여행사에 배정할 수 있는 좌석공급량은 일
정수준을 상회하지 못하도록 조치해야만 정가의 요금을 지불하는 일
반승객을 탑승시킬 수 있어 수익의 극대화를 꾀할 수 있다. 그런데
일반고객에게 배정된 좌석마저 여행사에서 선점하여 급한 용무로 항
공편을 이용해야 하는 제주도민이 좌석을 구하지 못하는 상황이 적
지 않게 발생하였다고 한다.[34] 그렇지만 제주도민이 온갖 수단을 강
구하여 어렵게 항공기에 탑승하면 만원이라던 좌석의 대부분이 비어
있기가 예사였다고 한다. 즉 여행사에서 좌석만 선점하고 정작 관광
객은 모집하지 못해 출발 직전에서야 예약을 취소하면 종종 발생하
던 상황이었다.

여행사로부터 안정적으로 승객을 공급받아야 할 항공사에서 여행
사를 배려할 수밖에 없다는 점은 인정되지만 그렇다고 여행사를 이
용하지 않는 개별 고객을 차별 대우해서는 안 될 것이다. 1975년 10
월 23일 부산행 항공기가 당초 117명이 탑승 가능한 기종에서 갑작스
럽게 104명만 탑승 가능한 기종으로 교체되면서 10여 명의 예약자가

---

34) 제주신문(1975. 10. 22), 「푸대접받는 항공손님, 여행업자들이 전면예약 밀려나기 일쑤」.

탑승하지 못하고 6시간 후에 대체 항공기를 타고 출발하는 사건이 발생하였다.[35] 탑승하지 못한 10여 명의 정확한 명단은 알려지지 않았지만 급한 용무로 출장길에 오른 공무원조차 탑승하지 못한 것을 미루어 보면 대부분이 제주도 주민이었을 공산이 크다. 이처럼 빈 좌석이 있음에도 예약이 힘들고, 어렵게 예약한 좌석도 양보해야 하는 사건이 적지 않아 경찰에서 조사한 결과, 여행사와 항공사 간의 뒷거래가 있음이 밝혀졌다고 한다.[36]

제주국제공항의 활주로가 확장된 1970년대의 중반 이후에는 탑승인원이 100명 이상인 중형기종이 취항하고 있었지만 관광객이 집중되는 시즌에 항공편을 구입하기란 매우 어려웠다고 한다. 유류가격의 인상과 환율 상승분을 반영하여 항공요금을 40%나 일거에 인상하는 안이 승인되었는데도 항공수요는 감소되지 않았던 것이다.[37] 이처럼 증가하는 항공수요를 완전히 충족할 수 없었던 중형기종의 항공기는 결항조차 잦아 만성적인 항공좌석난을 가중시킨 것으로 보인다. 1974년 5월부터 제주국제공항에 계기착륙장치(ILS)가 작동되면서 평균 12%의 결항률이 5% 내외로 감소될 것으로 전망되었지만 1975년 상반기의 평균 결항률은 17%였다.[38] 사정이 이렇다 보니 교통부에서 대한항공사에 특별기를 대폭 증편 운항하라는 조치를 내리게 되었다고 한다.[39]

---

35) 제주신문(1975. 10. 24). 「승낙된 손님도 밀려나, 23일 오전 부산행 KAL」.
36) 제주신문(1975. 11. 17). 「뒷거래 집중 수사, KAL 제주행 손님 밀어닥치자 여행사와 짜고」.
37) 제주신문(1975. 8. 6). 「국내항공료 40% 인상」.
38) 제주신문(1975. 7. 22). 「잦은 항공기 결항 월간 17%, 관광객 유치에 차질」.
39) 제주신문(1976. 7. 17). 「특별기 대폭 증편운항 조치」.

공항택시에 칼 빼든 당국

　1960년대에는 제주국제공항에 도착한 항공기에서 내린 관광객을 본인이 운전하는 택시에 탑승시키고자 택시기사들끼리 다툼이 적지 않았다. 택시에 탑승하기를 망설인다면 반강제적으로 관광객을 잡아채기도 하였는데, 신혼부부가 별도의 택시에 탑승해야 했던 웃을 수 없는 촌극도 적지 않았다고 한다. 관광객의 항의가 빗발치자 제주도 당국에서는 일정기준에 부합되는 택시만 공항에서 주차할 수 있는 모범택시운전사제도를 시행하게 되었다.

　제주도 당국에서 지정한 모범택시는 당초의 기대와는 달리 모범이 되지 못하고 되레 공항의 무질서를 가중시켰다는 평도 적지 않았다. 일반택시의 출입이 통제된 제주국제공항에 드나드는 모범택시의 호객행위를 방지하고자 주차한 순서대로 관광객을 태우도록 조치하였다. 그런데 탑승한 관광객의 목적지가 공항에서 지척인 단거리라면 승차를 거부하여 관광객의 불편은 가중되었다. 더 이상 방관할 수 없었던 제주도 당국에서는 공항택시의 문제점을 개선할 강력한 의지를 표명하였다.

　제주도 당국에서는 공항에 출입할 수 있는 택시를 새로 지정하는 것부터 시작하였다. 출고연도가 3년 이내이며 2회 이상의 법령 위반 사실이 없거나 또는 무사고 경력을 심사조건으로 내걸어 1차로 179명의 택시기사와 121대의 택시를 공항택시로 지정하였다. 지정만 해놓고 관리에는 손을 놓고 있다는 여론에 따라 새로 지정된 공항택시가 법령을 2회 이상 위반하면 가차 없이 지정을 취소할 방침도 마련

하였다.[40]

　호객행위와 승차거부를 근절하고자 공항택시를 새로이 지정하자 새로운 문제점이 발생하였다. 탑승한 관광객의 목적지가 단거리라도 예전처럼 승차를 거부하지 않았지만 공항구역을 빠져나오자마자 일반택시를 이용하라면서 강제로 하차할 것을 종용한 것이다. 그런데 일반택시의 공항출입이 통제되자 자연스럽게 공항 일대를 운행하는 일반택시를 찾아보기 어려워진 상황에서 관광객은 이중고를 겪었던 것이다.[41] 공항택시의 고질적인 병폐를 개선하고자 의욕적으로 집행한 제도가 새로운 문제점을 양산한다는 여론에 따라 경찰에서는 부랴부랴 단속조치를 발표하였다.[42] 그러나 공항택시의 교묘한 횡포는 근절의 기미가 보이지 않았는데도 452대 전체 택시의 절반을 상회하는 226대를 공항택시로 지정하였다고 한다.[43]

　제주국제공항에서 단거리 승객의 승차를 거부하는 잘못된 관행이 사라진 시점은 택시 승강장을 단거리와 장거리로 구분하여 운영을 시작한 2002년 11월부터이다.[44] 단거리와 장거리 노선을 구분하면 단거리 노선에서 대기할 택시가 거의 없을 것이라는 일각의 회의적인 전망과는 달리 시행 초기부터 별다른 부작용 없이 정착되었다. 제주도의 첫인상을 흐려 놓던 택시의 병폐가 사라진 것에 만족하지 말고 뉴욕의 명물인 옐로 캡(Yellow Cab)과 런던의 블랙 캡(Black Cab)과 자웅을 겨룰 수 있는 제주관광택시의 운행에 관심을 기울여야 할 것이다.

---

40) 제주신문(1976. 3. 13). 「2회 이상 위반 때 제재, 공항택시 1백21대 · 운전사 지정」.

41) 제주신문(1976. 3. 25). 「공항택시 횡포는 여전, 시내승객 외면, 바꿔 타기 강요」.

42) 제주신문(1976. 3. 29). 「嚴罪主義로 대응, 경찰 공항택시 횡포에」.

43) 제주신문(1976. 6. 10). 「횡포말썽 해결대책 없이 공항택시 불리기만」.

44) 제주일보(2002. 11. 2). 「공항택시 승차대 분리 운영」.

관광객 무사증 입국제도 논의

　외국의 이국적인 관광지로 떠나는 상상은 낭만적이지만 행동으로 옮기는 절차가 까다로우면 출발 전부터 상상이 깨지는 경우도 적지 않을 것이다. 친숙한 일상영역을 벗어나 낯선 공간에서 신변상의 안전을 확보하고 시행착오를 최소화하려면 준비해야 할 목록이 길어질 것이다. 예를 들어 현지에서의 숙박과 교통수단, 가 보아야 할 명소 등처럼 일반적인 사항뿐만 아니라 준수해야 할 문화적 차이점을 이해한다든지 또는 현지어로 간단한 의사소통까지 염두에 둔다면 사전준비에 상당한 노력을 기울여야 한다. 물론 여행사에 일임하는 간편한 방안을 선택할 수도 있지만 이러한 사전준비절차도 관광경험으로 인식한다면 설레는 마음으로 기꺼이 비용과 시간을 할애할 것이다.

　외국의 관광목적지에 도착한 본인을 상상하면서 사전준비절차를 관광경험으로 간주하는 사람일지라도 공공기관을 방문하여 입국사증을 받는 상황은 결코 달갑지 않을 것이다. 숙박이나 교통정보 등을 탐색하는 선택적 행동과는 달리 지정된 서류를 준비해야 하고 정해진 시간에 방문해야 받을 수 있는 입국사증의 절차는 개인의 통제에서 벗어나 있다. 따라서 잠재관광객으로서는 입국사증이 없는 관광목적지를 선호하고, 만약 입국사증이 필요하다면 절차가 간소화된 관광목적지를 선택할 것이다. 입국사증 발급에 불필요한 각종 서류제출을 요구하고, 직원의 행동이 고압적으로 느껴진다면 해당 국가의 관광목적지가 세계적인 명소로 발전하기란 어려울 것이다. 따라서 외국 관광객 유치에 전력을 기울이는 관광목적지에서 사증면제는 반드시 실행되어야 하는 제도로 간주하는 것은 무리가 아니다.

'동양의 하와이'라는 슬로건을 내세워 제주도를 국제적인 관광지로 조성할 계획을 수립한 정부에서도 제주도에 한해 무사증 제도의 적용을 신중히 검토하기 시작하였다. 1970년에 일본 오사카에서 개최된 엑스포 기간 동안 한국을 경유하는 외국 관광객을 유치하고자 한시적으로 사증면제가 시행된 전례는 있었다.[45] 그러나 무사증 입국의 제도화가 본격적으로 논의된 시점은 부임 이후 처음으로 제주도를 방문한 내무부 장관의 발언이 있던 1976년이다. 당시 내무부 장관은 제주도의 특수한 여건을 살려 근대적인 관광도시로 조성하기 위해 특별법의 제정까지 검토하고 있음을 확인해 주었다.[46] 특히 제주도 지역유지들과의 간담회에서 내무부 장관이 노비자 제도를 거론한 것으로 알려지자 제주도 당국에서도 실현화에 역량을 아끼지 않기로 하였다.[47] 그러나 제주도가 노비자 지역으로 지정되면 국제범죄자의 은닉처가 될 가능성이라든지 제주도민에게 육지 나들이에 필요한 새로운 증명서의 발급이 필요하다는 점을 들어 외무부에서는 난색을 표명하였다.[48]

제주도를 방문한 관광객에게 사증을 면제한 조치는 1980년 11월 15일에야 실현되었다. 제주도를 방문하는 일본인 관광객을 대상으로 5일간 체류할 수 있는 무사증 제도가 시행되었다. 1981년 8월 1일부터는 국제크루즈 관광객을 겨냥하여 15일간의 기항지 상륙허가제도

---

45) 매일경제(1970. 2. 23). 「엑스포 관광객 유치 특별조처 마련, 무사증 기간 연장」.
46) 제주신문(1976. 8. 13). 「근대관광도시로 시범 조성, 숲내무 제주도 특수여건 살린 개발 제시」.
47) 제주신문(1976. 9. 9). 「무사증입국 실현될는지, 道 숲내무 지시 따라 입안 작업」.
48) 제주신문(1977. 7. 21). 「노비자 실현난, 국제범죄은닉처 될 우려 등」.

가 시행되었다. 1983년 5월 1일부터는 무사증 체류기간이 5일에서 15
일로 연장되었고, 1983년 7월 20일부터는 중·고등학교 수학여행단의
무사증 입국이 허용되었다.[49] 그리고 1998년 4월 15일에 5인 이상의
중국 단체관광객에게 무사증 입국을 허용하는 조치가 시행되었다.

제주도와 인접한 일본인 및 중국인 관광객을 겨냥한 무사증 제도
는 2002년에 「제주국제자유도시 특별법」이 제정되면서 무사증 입국
을 허용하는 국가는 169개국으로 증가하였다. 그리고 2006년에 「제주
특별자치도 설치 및 국제자유도시 조성을 위한 특별법」이 제정되면
서 무사증 적용 국가가 169개국에서 180개국으로 확대되었다. 무사증
적용 국가의 범위는 더 이상의 확대가 무의미한 수준이 되었지만 제
주도를 방문하는 외국 관광객의 국적은 여전히 일본과 중화권으로
편중되어 있다. 2008년에 제주도를 방문한 외국인 관광객 중 중국인
관광객이 32.3%, 일본인 관광객이 21.7%의 비중을 차지한 반면, 미국
인은 4.3%, 영국과 독일은 각각 0.3%에 불과한 것으로 나타났다.

국제적인 관광지로 발돋움시킬 발판이 되어야 하는 무사증 제도는
반발력이 없는 무딘 널빤지가 된 듯하다. 무사증 제도의 방향은 옳았
지만 맞춤형 마케팅이 수반되지 않으면 소위 말하는 장롱 속의 운전
면허로 전락할 수밖에 없을 것이다.

가난했던 섬이 낭만의 섬으로 탈바꿈

1970년 5월에 발간된 미8군의 『성조』紙에서 제주도를 '관광객의 천국(tourist's paradise)'이라고 묘사한 이래 적지 않은 외국의 언론에서 제주도를 소개하였다. 1974년에는 『시카고 트리뷴』紙를 비롯한 4개의 언론사에서 제주도를 소개한 기사가 게재되기도 하였다. 이처럼 동시에 4개의 언론사에서 제주도를 기사화한 배경을 살펴보면 국제관광공사(현 한국관광공사)에서 10개의 외국 언론사에 소속된 관광전문기자를 한국으로 초빙함으로써 가능했던 것이다.[50] 그런데 초빙된 10개의 외국 언론사 중에서 4곳에만 제주도를 다룬 기사가 게재된 점만 감안하면 제주도는 매력적인 관광지로 인지되지 않았던 것으로 볼 수 있다. 그러나 관광자원의 매력도뿐만 아니라 교통수단과 숙박여건, 식음시설까지 종합적으로 고려하여 관광지를 추천하는 관광전문기자의 성향을 감안하면 제주도의 관광매력도가 낮다고 단정 지을 수는 없을 것이다.

1975년 7월에 발간된 『뉴스위크』紙에서는 전 세계에서 때 묻지 않고 여태까지 발견되지 않은 10대 관광지로 제주도를 선정하였다. 그런데 『뉴스위크』紙에서 제주도를 '신들의 고향'으로 칭하면서 극찬한 배경으로는 천혜의 자연환경보다는 독특한 사회구조에 주목하였다. 즉 해녀가 거친 바다에서 물질을 하는 동안 남편이 집안 살림을 챙기는 사회구조는 인류학적인 연구대상으로 각광받고 있다는 점을 들고 있다.[51] 이처럼 제주도의 독특한 관광매력으로 해녀를 제시한 전례

---

50) 제주신문(1974. 8. 2). 「시카고 트리뷴 등 외지에 본도 소개」.

는 『시카고 트리뷴』紙에서도 찾아볼 수 있다.

1976년 11월 17일자의 『요미우리신문』에서는 제주도를 국내외의 신혼부부들이 선호하는 국제적인 관광지로 탈바꿈되고 있다고 소개하였다. 한국정부의 적극적인 지원이 이루어지면서 고층호텔이 건립되는 등, 가난했던 섬이 낭만의 섬으로 변모되고 있다고 제주도를 소개한 것이다.[52] 그런데 가난했던 섬이 부유한 섬으로 탈바꿈되었다고 표현한 것이 아니라 낭만의 섬이 되었다고 기사화한 것은 과거의 식민지를 바라보는 시선에서 기인한 것일지도 모른다.

2차 세계대전이 종결되기 직전에 최후의 저항거점으로 제주도를 선택한 일본군은 한때 7만여 명이나 주둔하였다가 본국으로 되돌아간 바 있었다.[53] 제주도에 주둔한 일본군의 시선에 비친 당시의 제주도는 가난에 찌든 섬이었다면 30년의 세월이 경과된 시점에서도 제주도를 가난한 섬으로 기억하는 일본인이 많았을 것이다. 요미우리신문에서 가난했던 섬이 낭만의 섬으로 탈바꿈되고 있다고 제주도를 묘사한 까닭은 아마도 몰라보게 달라진 제주도의 이미지를 강조할 목적이었을지도 모른다.

연간 600만 명 이상의 관광객이 제주도를 방문하는 점으로 미루어보면 외부인에게 제주도는 낭만의 섬으로 인식되는지도 모른다. 그런데 제주도민에게 현재의 제주도는 아마도 낭만적인 감정보다는 착잡한 심정이 앞설지도 모른다. 단합해도 모자랄 판국에 60만 명도 채 되지 않지만 극심한 편 가르기로 인해 제주사회는 양분되다시피 되

---

51) 경향신문(1975. 7. 9). 「뉴스위크誌 세계최고 관광지로 소개, 신들의 집 제주도 이상적인 휴양」.
52) 제주신문(1976. 12. 13). 「낭만의 섬으로 탈바꿈, 日 요미우리신문 제주도 특집」.
53) 조성윤 편(2008). 『일제 말기 제주도의 일본군 연구』, p.198.

었다. 해군기지 설치를 둘러싼 갈등은 해소될 기미가 보이지 않고, 영리병원의 허용을 둘러싼 갈등은 전국으로 확산될 조짐이다. 해묵은 논쟁인 한라산 케이블카와 내국인 카지노의 설치를 둘러싼 갈등이 여전한 제주도는 갈등의 섬일지도 모른다.

제5장

1977~1979

3,800톤급 카페리 첫 입항

1977년 4월 12일에 부산항을 출발한 3,800톤급 카페리가 제주항에 입항하였다. 1976년 9월에 일본에서 들여온 카페리는 18노트의 속도로 10시간이면 부산~제주 노선을 왕래할 수 있었다. 운항속도의 관점에서 보면 13시간이 소요되는 기존 선박보다 불과 3시간을 단축할 뿐인 카페리에 제주사회가 들썩인 것은 600여 명 이상의 승선정원뿐만 아니라 자동차의 적재가 가능한 선박이라는 특징이 높은 평가를 받았던 것이다.[1]

카페리라는 명칭은 자동차(car)를 적재할 수 있는 선박(ferry)이라는 의미에서 작명된 것 같다. 표준국어대사전에도 카페리가 등록되어 있지만 정작 영어사전에서 'Car Ferry'라는 단어는 찾을 수 없을 것이다. 자동차를 적재할 수 있는 선박이라면 승용차(Car)뿐만 아니라 화물차

---

1) 제주신문(1977. 4. 12). 「연륙의 꿈 싣고 카페리 첫 입항」.

(truck)나 불도저 등의 특장차의 적재도 가능할 텐데 오로지 승용차만 적재한다는 의미로 해석될 여지가 있는 카페리라는 단어가 영어사전에 등록되지 않은 것은 어찌 보면 당연한 것인지도 모른다. 일반적으로 외국에서 자동차를 적재할 수 있는 선박은 흔히 'Ro－Pax(Roll on/Roll off Passenger)'라고 부른다.

제주노선을 운항할 첫 번째 카페리에는 포니승용차를 기준으로 123대를 적재할 수 있었다. 당시만 해도 승용차는 극소수 계층의 전유물이었던 탓에 카페리에 자가용을 적재할 수 있는 관광객이 물밀듯이 제주도에 도착하는 광경을 기대한 것은 아니었을 것이다. 제주 사회에서 주목한 카페리의 장점은 육지회사 소속의 관광전세버스가 제주관광에 미칠 파급효과였다. 관광객이 몰려들면 만성적인 전세버스 부족으로 제주도민의 발인 정기버스마저 동원하는 악순환의 고리가 깨어질 순간이었던 것이다. 일반도민으로서는 환영할 상황이지만 제주도에서 관광전세버스를 운영하는 사업체에게는 심각한 위기가 될 수 있었다.[2]

승선정원이 671명인 카페리는 단체관광객의 수송에도 유리하게 작용하였다. 승선정원이 300~500명 남짓인 기존 선박으로는 대규모 수학여행단을 모두 수용하기 어려워 수학여행단의 유치에 차질이 있었지만 카페리의 등장으로 여건이 개선될 수 있었다. 또한 3,800톤급의 초대형 선박이므로 궂은 날씨에도 출항이 가능하고 웬만한 파도에도 흔들리지 않는 안락함은 제주관광에도 유리하게 작용할 것으로 예상되었다. 그런데 새로운 초대형 선박의 운항으로 인해 뱃길이용이 수

---

2) 제주신문(1977. 4. 18). 「도내 관광알선업계에도 전기, 페리便 버스 들어와 섬 돌기」.

월해야 하지만 오히려 운항횟수가 감소되어 뱃길 이용객이 줄어드는 현상이 발생하였다. 즉 새로이 운항을 시작한 카페리의 운항날짜를 기존에 운영 중인 선박의 운항날짜와 중복되지 않도록 한 결과 부산~제주 노선에 운항하는 선박이 전혀 없는 날이 월평균 11일이나 되었던 것이다.[3]

저렴한 항공요금을 책정한 저가항공사의 등장으로 카페리 등의 선박을 이용한 뱃길 이용객은 감소되어 사양산업의 길에 접어들 수 있다는 전망도 있었다. 그러나 제주뱃길 이용객 수는 꾸준히 증가하고 있는데, 2005년에 112만 명을 기록한 후 2009년에 187만 명, 그리고 2010년에는 200만 명이 이용할 것으로 예상되고 있다.[4] 이러한 현상은 항공편을 구하지 못한 관광객의 대체 교통수단이라는 측면도 있지만, 고속철도(KTX)와의 연계할인제도처럼 실속파 관광객의 구미에 맞춘 마케팅 전략이 주효한 것으로 보인다.

한라산 케이블카 설치 백지화

한라산에 케이블카를 설치하자는 논의가 사회적인 관심사로 등장한 시점은 1962년이다. 한라산 케이블카의 구상에 필요한 조사용역비용으로 6만 원의 예산을 제주도 당국에서 편성하였던 것이다.[5] 당시에 수행된 기술조사는 백록담으로부터 불과 50m 아래인 1,900m까지

---

3) 제주신문(1977. 4. 29). 「濟釜間 항로 조정 엉터리」.
4) 서울신문(2010. 6. 22). 「올 제주뱃길 이용객 200만 돌파 예상」.
5) 제주신문(1962. 9. 22). 「실현되려나 도민의 꿈, 한라정상까지 케이블카」.

케이블카로 도달하도록 총 연장 9,100m의 구상안을 제시하였다.[6] 1968년에는 박정희 대통령의 의중이 공개되면서 한라산 케이블카 설치는 실현되는 듯했지만 결국 무산되었다. 그런데 1977년에 등장한 새로운 사업자에 의해 한라산 케이블카는 새로운 전기를 맞게 되었다.

1968년에 한라산 케이블카 설치계획서를 제출한 기업은 교통부로부터 허가는 받았지만 문화재위원회로부터 형상변경허가는 끝내 받지 못했다.[7] 그런데 1970년 3월에 국립공원으로 지정된 한라산에 케이블카를 설치할 수 있도록 문화재관리위원회에서 형상변경허가를 1977년 3월에 내준 것이다.[8] 이처럼 케이블카 설치 가능성이 현실화될 조짐이 보이자 예전에 신청했던 회사를 포함하여 복수의 사업자가 등장하여 과열의 기미가 나타났다.[9] 1968년의 케이블카 설치과정에서 홍역을 치른 바 있는 제주도 당국에서는 2개의 업체가 경쟁하자 3개의 유관부서들은 서로 타 부서에서 처리할 것을 종용하기도 하였다고 한다.[10]

문화재관리위원회가 형상변경까지 허가한 1977년에 시도된 한라산 케이블카는 의외로 정부에 의해 불허되었다. 1977년 12월 8일에 국회에 출석한 건설부 장관은 한라산 케이블카 설치계획을 취소하겠다는 요지의 답변을 한 것이다. 또한 한라산 중산간에 조성할 계획이던 숙박시설의 건립도 백지화할 뜻을 명확히 밝혔던 것이다.[11] 제주

---

6) 경향신문(1962. 11. 14). 「한라산에 케이블카」.

7) 제주신문(1970. 9. 1). 「케이블시설, 좌절, 문공부서 불허조치」.

8) 제주신문(1977. 3. 9). 「케이블카 2년 내 등장」.

9) 제주신문(1977. 5. 28). 「케이블카 한라건업도 신청」.

10) 제주신문(1977. 6. 17). 「케이블시설 두 업체 경합하자 道 3개 부서 민원 처리 기피」.

11) 제주신문(1977. 12. 10). 「케이블카 백지화, 申건설 국회답변 한라산 호텔도 불허」.

도종합관광개발의 일환으로 한라산 케이블카 계획을 지원한 정부에
서 돌연 백지화로 방향을 선회한 정확한 배경은 알 수 없다. 아마도
개발편향이라는 비판을 받던 정부에서 환경보전에 대한 의지를 표명
하고자 자연보호기본법과 자연보호헌장, 그리고 자연보호의 날을 제
정하기 위한 심의위원회의 설치계획을 1977년 10월에 공표하였는데
국립공원에 케이블카를 설치한다면 후폭풍을 감당할 수 없었을 것이
다.[12] 이렇게 해서 한라산 케이블카 계획은 백지화되고, 자연보호헌
장이 1978년 10월에 제정된 것으로 보인다.

한라산 케이블카는 약방의 감초처럼 여전히 논란거리로 등장하고
있다. 마치 죽지도 않고 정기적으로 찾아오는 각설이마냥 한라산 케
이블카를 둘러싼 논쟁은 1987년과 1994년, 2003년에 재연되었다. 이
에 2005년에는 제주도지사가 직접 케이블카 논의 중단을 선언하였지
만 동일 도지사가 2008년에 논의중단을 뒤집으면서 현시점인 2010년
에도 논란은 사그라지지 않고 진행 중이다.

일본군 동굴진지의 관광자원화

2차 세계대전의 패망이 임박해지자 제주도는 일본 본토를 사수해
야 할 요새가 되었다. 7만여 명의 일본군은 지역주민을 동원하여 제주
도 전역에 진지를 구축하였다. 다행히 일본 정부의 항복 선언으로 구
축된 진지에서 교전은 발생하지 않았다. 일본군이 구축한 진지의 대부

---

12) 경향신문(1977. 10. 21). 「내무부에 곧 심의위, 자연보호기본법 제정」.

분은 방치되면서 제주도민의 기억에서도 서서히 잊혀 가고 있었다.

일본군의 진지가 재조명받게 된 시점은 일본인 관광객의 방문이 빈번해진 1970년대의 후반이었다. 일본인 단체관광객의 대부분은 첫 번째 방문이었지만 극소수의 일본인에게 제주도는 여전히 생생한 기억을 상기시키는 장소였다. 30여 년 전에 제주도에서 최후의 일전을 벌렸던 과거의 군인들이 총검 대신에 카메라를 둘러멘 관광객으로 제주도를 방문하기 시작한 것이다. 당시 모슬포의 공군기지에 주둔했던 공군출신의 일본인이 제공회(濟空會)라는 모임을 결성하여 1976년부터 매년 제주도를 방문한 사실은 제주도 당국의 주목을 끌었다.[13] 즉 제주도에 주둔했던 7만여 명의 일본인을 제주도로 유치할 수 있는 관광객으로 판단하였던 것이다.

제주도 당국에서는 일본군이 사용한 진지를 관광자원으로 조성함으로써 제주도에 주둔한 경험이 있는 일본인을 유치하고자 한 것이다. 당시의 남제주군청에서 일본군이 주둔했던 진지 현황을 조사한 결과 108개소가 관내에 산재하고 있음을 확인하였다. 총 108개가 확인된 일본군 진지의 유형은 굴(窟)이 81개소, 격납고가 20개소, 포진지가 4개소, 무전실이 3개소로 분류되었다.[14] 이후에도 여러 차례에 걸쳐 일본군의 진지에 대한 조사는 있었지만 관광자원으로 조성된 시점은 '가마오름 평화박물관'이 개관한 2004년부터이다.

평화박물관이 들어선 가마오름에는 총연장 2㎞, 높이가 160㎝~2m이고 너비가 1.5~3m 규모의 땅굴이 개설되었는데 내부에는 당시 사령관실로 추정되는 10평 남짓한 방과 다용도로 활용된 공간이 확보

---

13) 제주신문(1978. 1. 21). 「舊 일본군이 파놓은 동굴 등 보전, 일본관광객 유치계획」.
14) 제주신문(1978. 3. 3). 「관광자원화하는 일본군주둔지, 백8개소 찾아내」.

되어 있다.[15] 이처럼 미로같이 얽힌 총연장 2㎞의 구간 중 340m 남짓을 복원하여 관광객에게 개방한 평화박물관은 개인의 땀이 서린 사설박물관이다. 현시점의 제주도 당국에서는 일본군이 공군기지로 사용했던 부지에 748억 원의 예산을 투자하여 평화대공원을 조성할 계획을 갖고 있지만 국방부로부터 토지소유권을 양도받지 못해 진척이 없는 상황이다.

제주도에 주둔한 경험이 있는 일본인을 제주도로 유치하고자 진지를 관광자원화하고자 한 1970년대의 계획은 사실상 무산되었다. 왜냐하면 2차 세계대전이 종전된 지 65년의 세월이 경과되면서 제주도에 주둔했던 일본인의 대부분은 사망하였을 것이기 때문이다. 따라서 조속한 시기에 평화대공원이 완공된다 할지라도 고령으로 거동이 불편한 생존자들의 방문을 기대하기 어렵다면 새로운 공략대상을 설정해야 할 것이다. 그런데 우리의 시선에는 침략자이지만 원자폭탄에 의한 희생자로 인식하는 일본인의 관점을 감안하면 평화대공원의 조성방향은 일본인 관광객의 유치를 좌우하는 변수가 될 수 있다. 즉 일본군을 가해자로 보는 관점에서 평화대공원을 조성한다면 전쟁의 희생자라고 인식하는 일본인의 상당수는 거부감을 표출할 것이다. 그렇다고 일본인 관광객에게 어필하고자 침략의 이미지는 최소화하고 화해와 평화의 이미지만 부각시킨 평화대공원은 자칫 역사해석의 논쟁을 불러일으킬 수 있다는 점도 고려해야 할 것이다.

---

15) 가마오름 평화박물관 홈페이지(http://www.평화박물관.kr). 박물관 소개 항목 참고.

공항과 부두에 관광여론함 설치

제주도 당국은 1978년 4월에 제주국제공항과 제주항 터미널에 관광여론함을 설치하기로 하였다. 관광사업의 진흥을 도모하고 관광지의 시설 및 서비스를 개선하고자 제주도를 떠나는 관광객을 대상으로 의견을 듣고자 한 것이다.[16] 관광여론함이 설치된 구역에는 각각 국어와 영어, 일어로 작성된 신고서 용지가 비치된 점으로 미루어 보면 설치목적은 제안의 접수라기보다는 불편사항을 접수하고자 한 것이다.

관광기반시설에서부터 인적 서비스에 이르기까지 초창기의 제주관광은 시행착오를 겪고 있었다. 당시의 관광객은 일정수준의 불편은 감수할 각오를 가지고 제주도를 방문했겠지만 인적 서비스와 연관된 불편은 용인하기 어려웠을 것이다. 공항이나 부두에 도착하자마자 택시기사의 호객행위에 시달리거나 또는 승차를 거부당하고, 관광토산품 판매점에서는 바가지를 당하고, 관광종사자의 불친절한 태도가 관광객을 실망시키는 주요한 원인이다. 시설의 미비로 인한 불편은 이해할 수 있지만 사람에 의해 초래되는 갖가지 불편은 관광만족도를 저해하는 요인인 것이다. 이런 점에서 관광여론함의 설치는 관광객의 불편사항에 적극적으로 대응하고자 하는 당국의 의지가 반영된 것으로 볼 수 있다.

불편사항을 접수하는 여론함의 대상은 주로 교통수단의 이용객으로 볼 수 있다. 1961년에 교통부에서는 열차 여행객의 명랑한 여행과 철도 종사원의 서비스를 개선하고자 경부선을 비롯한 주요 노선의

---

16) 제주신문(1978. 4. 5), 「관광여론함, 공항·부두 터미널에 설치」.

여객열차 내부에 여론함을 설치한 바 있었다.[17] 1966년에 서울시에서는 시민을 대상으로 교통정책의 의견을 파악하고자 시내버스 합승정류장에 여론함을 설치하였다고 한다.[18] 1969년에 서울시에서는 택시 승차의 불편함을 파악할 목적에서 시내 주요 택시 승차장에 여론함과 신고카드를 비치하였다고 한다.[19] 한국관광공사에서는 1977년부터 관광불편신고센터를 운영하고 있지만 관광객을 대상으로 여론함을 설치한 지방자치단체는 아마도 제주도가 최초일 것이다.

제주국제공항과 제주항에 관광여론함이 설치되기 이전에는 주로 서신을 통해 관광객의 불편이 접수되었다. 전화통화도 가능했겠지만 장거리 전화비용에 대한 부담으로 국내외 관광객을 막론하고 서신을 제주도에 우송하는 방법이 일반적이었다. 예를 들어 제주도에서 구매한 물품의 우송약속을 이행하지 않고 있는 판매점의 횡포를 고발한 서신[20]이라든지, 카메라까지 빼앗긴 채 돌아갈 수밖에 없었던 사정을 호소한 일본인 관광객의 서신도 접수되었다.[21] 이처럼 신문지상에 소개되는 서신 이외에도 적지 않은 신고가 유관기관에 접수되었을 것이다. 따라서 관광여론함의 설치는 뒤늦은 감이 있었을지도 모른다.

관광객이 불편을 경험한 이후에 사실관계를 단순 접수하는 관광여론함보다는 불편을 야기하는 각종 사항을 미연에 방지할 수 있는 방안이 바람직하다. 이런 점에서 관광여론함이 설치되고 나서 한 달 후인 5월경에 제주도에서는 관광저해요인을 사전에 제거할 새로운 조

---

17) 동아일보(1961. 11. 19). 「객차 내 여론함」.

18) 동아일보(1966. 5. 13). 「정류소마다 여론함 설치」.

19) 경향일보(1969. 6. 21). 「五개소 여론함, 택시 횡포 막기 위해」.

20) 제주신문(1974. 11. 20). 「관광제주 인상에 먹칠, 대구 사는 朴 씨 경찰에 서신으로 호소」.

21) 제주신문(1975. 10. 14). 「바가지에 카메라도 빼앗겨, 악덕업체 처벌해다오」.

직으로서 가칭 '관광객조정실'의 설치를 검토한 바 있었다.[22] 만약
관광객조정실이라는 컨트롤센터가 실제로 운영되었다면 제주관광의
고질적인 병폐인 바가지라든지 불친절은 오래전에 자취를 감추었을
지도 모른다.

연탄재로 만들어진 관광기념품

관광지에서 기념품을 구매하는 행동에 관한 기록은 고대 이집트
왕정까지 거슬러 올라갈 수 있다고 한다.[23] 극소수만이 관광을 할 수
있었던 시절의 관광객은 곧 최상류 계층에 속하는 사람이라는 점을
말해 준다. 이런 부류의 관광객은 본인의 취향에 맞는 이국적인 물품
의 구매에 적극적이었고, 가족이나 지인들에게 나눠 줄 선물도 기꺼
이 구매하였다. 따라서 진귀하거나 이국적인 소장품의 가치를 흥정하
는 현지인과 관광객의 모습은 흔히 볼 수 있는 광경이었다. 그래서 소
장품을 판매하려는 현지인들이 증가함에 따라 관광객을 대신하여 물
품의 가치평가 및 구매까지 대행하는 중개상의 등장은 자연스러운 현
상이었다. 초창기 중개상의 역할은 관광객이 필요로 하는 기념품을 중
개하는 것이었지만 점차 관광객으로 하여금 필요한 기념품이므로 반
드시 구매해야 한다는 인식을 심어 주기에 이른다. 즉 관광객을 대상
으로 판매할 기념품이 대량으로 양산되는 여건을 조성한 것이다.

---

22) 제주신문(1978. 5. 20). 「관광객조정실 검토, 저해요인 등 제거」.
23) 카슨(2001). 『고대의 여행 이야기』. p.31.

　관광지에서 소장품을 흥정하는 현지인은 찾아보기 어려워진 반면, 기념품을 판매하는 상점은 눈에 띄는 장소에 자리 잡게 되었다. 관광지에서 기념이 될 만한 물품을 찾던 관광객의 자취는 사라지고, 관광기념품이라면서 구매를 부추기는 상점에서 동일한 기념품을 사가는 관광객이 탄생하였다. 관광객은 스스로 기념품을 선택할 수 있는 능동적인 능력을 박탈당하고 대신 만들어진 관광기념품만을 선택할 수 있는 수동적인 권한만 부여받은 처지로 전락한 것이나 마찬가지였다.

　관광기념품 판매점에 진열된 판박이처럼 동일한 디자인이 적용된 기념품은 한눈에도 관광객만을 위해 대량 생산된 물품임을 쉽사리 알 수 있다. 이처럼 차별화되지 못한 관광기념품은 관광객의 외면을 받아야 하지만 꾸준히 판매되기에 여전히 제작되고 있다. 일상영역에서 기다리고 있는 가족 또는 지인에게 선물을 주어야 할 의무를 느낀 관광객이라면 관광지를 상징하는 기념품을 나눠 줌으로써 간접적으로 본인의 관광경험을 인증하고자 한다. 이렇게 해서 관광지를 상징하는 대표적인 이미지를 무한정 복제하여 아우라(aura)가 상실된 관광기념품이 양산되는 것이다. 이집트에 가면 피라미드의 모형, 프랑스의 파리에서는 에펠탑 모형, 이탈리아의 로마에서 콜로세움의 모형은 어느덧 반드시 구매해야 할 관광기념품이 된 듯하다.

　제주관광을 상징하는 대표적인 이미지로 선정된 돌하르방은 가장 인기가 있는 관광기념품일 것이다. 초창기의 돌하르방 관광기념품은 크기만 축소된 복제품으로 출발하였지만 점차 관광객의 시선을 끌고자 실제의 형상을 과장하여 우스꽝스러운 모양새의 돌하르방 관광기념품이 등장하였다.[24] 또한 제주도의 현무암을 조각하여 만들어져야 하지만 대량생산을 위해 시멘트로 찍어 낸 돌하르방 관광기념품마저 등장하면서 관광이라는 미명하에 문화의 변질이 당연시되는 상황이 된 것이다. 제주도민의 신성한 신앙대상인 돌하르방이 세속영역의 돈벌이 도구로 전락하여 관광객의 제주관광기념을 위한 표식 역할만을 하게끔 변질된 것이다.[25]

돌하르방과 더불어 인기가 높은 관광기념품은 송이(scoria)를 재질로 만들어져 물에 뜨는 돌거북 관광기념품이다. 관광기념품 판매점의 입구에 놓인 대야에 유유히 떠 있는 돌거북을 보고 그대로 돌아설 관광객은 많지 않을 것이다. 그런데 일상거주지로 돌아가서 돌거북을 물에 넣으면 잘 뜨지도 않고 하루만 지나면 녹아 버리기도 했다고 한다. 왜냐하면 화산분출물인 송이(scoria)를 사용한 것이 아니라 연탄재를 압축하여 그럴듯한 돌거북을 대량 생산하여 관광객에게 판매하였기 때문이었다.[26]

제주관광을 대표할 수 있는 관광기념품이 개발되어야 한다는 목소리는 여전하다. 매년 관광기념품 경진대회를 개최하고 있지만 제주관광의 이미지에 부합되고 관광객의 지갑을 열게 하는 파괴력 있는 관광기념품은 사실상 부재상태이다. 정례적으로 실시해 오고 있지만 2010년에도 관광기념품의 육성과 산업의 중장기 발전전략을 수립할 목적의 연구용역이 시행된다고 한다.[27] 금번 용역으로 제주도를 대표할 수 있는 관광기념품의 개발방향이 정립되기를 간절히 기다리는 제주도민의 바람이 실현되어야 할 것이다.

---

24) 경향신문(1988. 10. 29). 「원형 잃는 제주 돌하르방」.

25) 전경수(1994). 『관광과 문화: 관광인류학의 이론과 실제』, p.16.

26) 제주신문(1978. 6. 26). 「제주이미지 망치는 불량토산품, 시멘트로 만든 돌하르방·돌거북 등」.

27) 제주일보(2010. 3. 18). 「제주대표 관광명품·명장 육성된다, 道 내달부터 연구용역 실시」.

요정의 부당대우를 고발한 접대부

역사적으로 신분과 재력, 그리고 인종의 차이를 근거로 구별짓기가 행해져 왔다. 우리나라의 조선시대에도 신분에 따른 복장의 유형이 엄격히 규제되었고, 특권계층에게만 허용된 음식도 있었다고 한다. 엄격한 신분제와 인종차별이 철폐된 자본주의 사회에서 구별짓기의 수단은 재력이다. 예를 들어 호화스러운 호텔의 레스토랑에서 고객의 신분을 조사해서 특정 계층만 출입을 허용하지는 않지만 자연스럽게 구별짓기가 이루어지고 있다. 3만 원을 지불하여 콘서트홀의 구석진 좌석을 차지하는 고객이 있는가 하면, 동일한 콘서트홀에서 최상의 공연을 감상하고자 50만 원을 기꺼이 지불하는 고객도 있다. 가격으로 고객을 차별화하는 것은 자본주의의 생리인 셈이다.

요정(料亭)은 구별짓기가 만들어 낸 공간이면서 구별짓기를 고착화하는 공간이기도 하다. 타인으로부터 방해받지 않은 공간에서 음주가무를 기대하는 수요에 부응해서 만들어진 공간이 요정일 것이다. 일반서민은 비용을 감당할 수 없어 자연스럽게 일부 계층의 전유물이 된 요정은 점차 은밀한 거래가 이루어지는 공간으로 전락하였다. 타인의 시선을 피할 수 있는 은밀한 공간인 요정에서 갖가지 뒷거래를 성사시킨 자들은 부와 권력을 강화한 반면, 요정에 출입할 엄두도 내지 못한 서민은 뒷거래의 피해까지 입게 되었다. 또한 일부 요정에서는 은밀히 성(sex)을 거래하는 불법을 서슴지 않아 요정의 이미지는 결코 호의적일 수 없었다.

정치와 경제의 중심지인 서울로부터 멀리 떨어진 제주도의 요정에 출입한 고객의 상당수는 관광객이었다. 제주도에 매력적인 관광자원이 개발되기 이전의 요정은 음주가무를 즐길 수 있었던 관광명소이기도 했다. 불법적으로 성(sex)을 사고파는 거래만 없다면 요정은 위화감을 조성한다는 비판은 받았겠지만 척결대상으로 인식되지는 않았을 것이다. 그런데 요정이 증가하던 1970년대의 후반에 요정의 실체가 폭로되면서 사정당국에서도 강력한 정화의지를 피력하게 되었다.

1978년 8월에 요정에서 도망친 접대부의 사연이 공개되면서 요정은 제주사회의 공분을 사게 되었다. 접대부를 사실상 감금하다시피한 채 갖가지 명분으로 수익을 갈취하고, 강제로 연대보증을 설정하여 도망치지 못하도록 접대부들로 하여금 서로를 감시하게 하고, 심지어는 내실에서 고문까지 행해지는 실태가 폭로되었다.[28] 사태의 심각성을 인지한 경찰에서는 즉각적으로 업주를 입건하고 구속영장을 신청하였다.[29] 또한 수사를 확대하여 인근의 또 다른 요정의 경영주도 동일한 혐의로 구속영장을 신청하였다.[30] 제주사회의 이목을 집중시켰던 사건은 신속히 유죄가 선고됨으로써 탈법적인 행위는 엄단하겠다는 강력한 의지가 표명되었다.[31]

사법당국의 조치에도 불구하고 합법적인 테두리 내에서의 요정영업은 지속되었다. 그러나 대내외적인 여건이 변화하면서 2000년 이후부터는 사실상 자취를 감추게 되었다. 비록 요정은 폐업되었지만 시대적 조류에 맞게 유흥주점과 단란주점으로 전환된 것으로 보인다.

---

28) 제주신문(1978. 8. 3). 「빠져나올 수 없는 착취와 학대의 소굴」.
29) 제주신문(1978. 8. 7). 「접객부를 착취해 온 요정主에 구속영장」.
30) 제주신문(1978. 8. 8). 「또 한 사람 요정主 구속」.
31) 제주신문(1978. 11. 15). 「地法, 요정주인에 執猶 2년」.

2002년의 조사에 의하면 인구 1,000명당 3.61곳의 유흥 및 단란주점
이 등록된 제주시와 서귀포시는 전국 74개 시 단위 기초자치단체 중
에서 각각 1위와 2위로 나타났다고 한다.[32] 최근에는 심각한 불황을
견디지 못한 유흥 및 단란주점이 노래주점으로 전환되는 사례가 증
가한다는데 건전한 놀이문화를 주도하는 역할을 할 수 있을지는 기
다려 보면 알 수 있을 것이다.

영문 관광지명의 문제점을 지적한 더스틴 교수

　우리나라를 방문한 외국인 관광객을 대상으로 한 연례조사에 의하
면 가장 불편한 점은 언어소통의 문제로 나타나고 있다. 한국을 여행
하면서 불편한 사항으로는 언어소통이 압도적인 1위이고, 안내표지
판과 교통 혼잡, 고물가를 지적하는 목소리가 높은 것으로 조사되었
다.[33] 언어소통에 어려움을 겪고 있는 외국인 관광객을 배려하는 갖
가지 정책들이 시행되고 있음에도 불구하고 원활하지 못한 의사소통
의 문제점은 해소되지 못하고 있는 실정이다.

　우리나라 국민의 의사소통 능력을 단기간에 배양할 수 없기 때문
에 의사소통의 불편함을 호소하는 외국인 관광객을 배려하는 효율적
인 방안은 인쇄매체를 활용하는 것이다. 관광지를 소개하는 관광홍보
물이라든지 도로안내표지판에 영문도 표기하는 것처럼 간접적인 방

---

32) 제주일보(2002. 10. 25). 「인구 천 명당 유흥 · 단란주점 비율 제주지역 전국 최고」.
33) 한국문화관광연구원(2010). 『2009외래관광객 실태조사』, p.25.

식이지만 비용 대비 효과가 높다는 점에서 오래전부터 시행되어 왔다. 그런데 관광홍보물과 도로안내표지판의 영문표기에 잘못된 점이 많다면 의사소통에 도움을 주려는 당초의 의도와는 달리 오히려 부정적인 이미지만 강화시킬 수 있는 위험성이 도사리고 있다.

제주도에서 제작한 관광홍보안내물이 오기와 오타로 점철되어 있다는 목소리는 1960년대부터 제기되어 왔다. 관광홍보물뿐만 아니라 도로안내표지판의 잘못된 영문표기의 문제점도 줄곧 지적되어 왔다. 또한 제주관광안내도(圖)의 내용이 조잡하고 영문표기도 제대로 되어 있지 않다는 여론에 따라 시장과 군수의 책임하에 관광안내도의 일제 정비가 이루어지기도 하였다.[34] 관광홍보물과 도로안내표지판의 문제점이 불거지자 관계당국의 시정조치가 이루어짐으로써 오기와 오타의 문제는 점차 해소되었다. 그런데 직역 위주의 영문표기가 시행되면서 외국인 관광객의 입장에서는 이해하기 어려운 영문표기가 양산되는 새로운 문제점이 지적되었다. 제주대학교의 더스틴 교수가 지적한 바에 의하면 제주도에서 흔히 볼 수 있는 영문표기의 잘못된 점은 보통명사를 고유명사로 표기한다든지 의미를 제대로 옮기지 않아 관광객에게 신비로움을 주지 못하는 방식 등이다. 예를 들어 '정방폭포'의 의미를 제대로 전달하려면 'Jeong Bang Pokpo'가 아니라 'Jeong Bang Waterfall'로 표기하는 것이 바람직하고, '용두암'은 'Yong Duam Rock'보다는 'Dragon Head Rock'이라고 표기해야 한다는 것이다.[35]

제주도 관광지에서 흔히 볼 수 있는 잘못된 영문표기의 문제점과 대안을 제시한 프레드릭 더스틴 교수는 한국전에 참전한 것이 계기

---

34) 제주신문(1978. 7. 27), 「관광안내도 일체 정비, 시장 · 군수 책임제」.
35) 제주신문(1978. 8. 25), 「관광지명 영문표기 외국인들이 이해 못 하겠다, 제대 더스틴 교수 등 지적」.

가 되어 한국에 체류하게 된 미국인이다. 1971년부터 79년까지 제주대학교의 관광영어 강사를 역임한 후 1982년부터 1994년까지 객원교수로 재직하고 퇴임한 더스틴 교수는 사비를 털어 김녕미로공원을 1995년에 조성하였다.[36] 2008년에 유능한 젊은 직원에게 경영권을 양도하고 퇴임하기 전까지 교수로 재직한 제주대학교에 3억 2천여 만 원을 기부하는 등 매년 순이익의 80%를 지역사회에 환원하였다.[37] 현시점인 2010년에도 80세의 나이에 지역사회의 발전을 위해 왕성한 활동을 멈추지 않고 있다.

무작정 배출되는 관광종사원

제주관광의 기틀은 1970년대에 조성되었다고 해도 과언이 아니다. 1970년대 초에 일본항공과 일본정부의 기술조사단뿐만 아니라 국제개발부흥은행(IBRD)에서도 제주도의 관광잠재력에 높은 점수를 매긴 바 있었다. 중형 제트기의 이착륙이 가능하도록 활주로의 확장공사가 완료되었고, 자동차를 적재할 수 있는 카페리의 부산~제주 노선의 취항, 그리고 완도~제주 노선에 취항한 쾌속선은 모두 1970년대에 이루어졌다. 현시점까지도 제주도의 최고층으로 군림하고 있는 제주 KAL호텔이라든지 렌터카도 1970년대에 도입되었다. 1980년대를 앞두고 있던 제주관광은 바야흐로 고속 엘리베이터의 작동버튼을 누르

---

36) 제주일보(2008. 9. 19). 「베풂의 미학, 더스틴 교수의 제주사랑」.
37) 연합뉴스(2008. 10. 16). 「김녕미로공원 대표이사 김영남 씨」.

기 직전에 있었다.

인적 서비스의 질적 수준에 따라 관광만족도가 달라지므로 체계적인 교육을 이수한 관광종사원의 중요성은 오래전부터 인지되어 왔다. 제주대학교와 제주산업정보대학에 관광 관련 학과가 개설된 1970년대에는 사설교육기관인 관광요원양성소도 설립되어 미래의 관광종사원을 육성하였다. 3개의 교육기관에서 배출되는 관광전문 인재의 수는 매년 160여 명이었는데 취업에 성공한 졸업생은 그리 많지 않았다. 그래서 80명의 모집을 공고한 제주관광요원양성소에 실제로 지원한 사람이 7명에 불과한 적도 있었다.[38] 이처럼 졸업생의 태반이 적당한 일자리를 구하지 못해 관광요원양성소의 지원율이 급감한 것과는 정반대로 일선에서는 관광안내원이 부족하다는 아우성이 지속되었다.[39]

제주대학교와 제주산업정보대학 등의 고등교육기관에도 관광 관련 학과가 개설되었지만 외국인 관광객을 안내할 수 있는 영어통역안내원은 단 한 명도 없었다고 한다. 일본어 관광통역안내원은 적지 않았지만 영어를 구사할 수 있는 관광안내원이 전무하여 서울 등지의 여행사에서 직접 영어통역안내원을 제주도에 보냈다고 한다.[40] 관광교육을 이수한 인재의 상당수가 일자리를 구하지 못하는 상황에서 관광사업체에서는 관광안내원의 부족에 시달리고, 국제여행알선업체에는 영어통역을 할 수 있는 관광안내원조차 없었던 배경으로는 열악한 노동환경에서 찾아볼 수 있을 것이다.

---

38) 제주신문(1978. 9. 25). 「일자리 없는 관광요원들, 해마다 160여 명 무작정 배출」.
39) 제주신문(1978. 11. 6). 「관광안내원 부족 심각, 전세버스는 1백 대 넘는데 고작 70명」.
40) 제주신문(1979. 5. 21). 「외국어 할 수 있는 안내원 없어, 8개 국제여행알선업체 영어 통역 안 돼」.

1979년에 전국 관광전세버스 및 관광안내양에 대한 임금실태를 조사
한 교통부에 의하면 제주도의 전세버스 운전사와 관광안내양의 임금은
전국에서 최하위로 조사되었다. 제주도 전세버스 운전사의 월평균 임금
인 10만 2천 원은 충청북도 운전사가 수령하는 21만 원과 비교하면
50% 수준에 불과하였다. 또한 제주도 관광안내양의 임금은 부산과 경
기 지역의 안내양과 비교하면 25%에 불과한 것으로 조사되었다.[41]

2009년을 기준으로 노동부에서 전국 3만 1천여 개의 사업체에서
근무하는 상용직 근로자의 임금을 조사한 결과, 제주도는 최하위로
조사되었다. 제주도의 월평균 임금인 183만여 원은 전국 평균의
79.7%이고, 서울과 비교하면 70.8%에 불과한 것이다.[42] 지역별 생활
비용의 차이가 반영된 결과이겠지만 비정규직 근로자의 비중이 매우
높다고 알려진 제주관광산업의 단면이 반영된 것일지도 모른다.

관광업체에 제주 출신 우선 고용 검토

1978년 10월에 제주도에서는 관광업체에 제주 출신을 우선 고용하
는 방안의 제도화를 검토하였다고 한다.[43] 재벌기업들이 제주도의
토지를 싹쓸이하다시피 매입하자 박정희 대통령까지 불요불급한 토
지매입에 우려를 표명할 만큼 제주사회의 정서는 악화되고 있었다.
관광을 빌미로 저렴하게 구매한 토지의 가격이 폭등한 것을 지켜본

---

41) 제주신문(1979. 10. 26). 「전국에서 가장 낮은 임금, 관광전세버스 운전사·안내양」.
42) 중앙일보(2010. 7. 27). 「상용직 근로자 월평균 임금 서울 259만 원, 제주 183만 원」.
43) 제주신문(1978. 10. 14). 「도내관광시설엔 제주출신 우선 취업, 道 의무화해 도민소득 증대 방침」.

제주사회의 박탈감이 심화되는 와중에 재벌기업이 운영하는 대규모 관광사업체가 위화감을 조장한다는 논란마저 불거지자 관광의 이미지도 악화되었다. 이처럼 상황이 악화되면서 관광을 인식하는 제주도민의 태도는 마치 독시(Doxey)라는 연구자가 제시한 방향처럼 변모될 수 있었다. 1975년에 독시(Doxey)는 현지인의 관광객에 대한 태도변화는 ① 환영단계(euphoria stage) ② 냉담단계(apathy stage) ③ 분노단계(irritation stage) ④ 적대적 단계(antagonist stage)로 악화된다는 이른바 분노지수(irridex: an index of the level of irritation)를 제안하였다.[44] 1970년대의 후반에 관광개발을 바라보는 제주도민의 태도는 냉담함을 넘어 분노단계에 다다른 상태로 볼 수 있었다.

관광사업체를 대상으로 제주 출신이 우선적으로 고용될 수 있도록 제도화하자는 논의가 1970년대 후반 이래로 공론화되기 시작하였다. 제주도민의 우선고용 방안은 1991년에 제정된 「제주도개발특별법」에 의해 실현되었다. 동법의 제13조에 개발대상지의 인근에 거주하는 지역주민을 우선적으로 고용해야 한다고 명문화되었지만 구체적인 세부내용은 포함되지 않았다. 2007년에 제정된 「제주도 개발사업 시행 승인 등에 관한 조례」에 의해 80% 이상의 고용을 원칙으로 하고, 특별한 사유가 없는 한 정규직으로 고용되도록 노력한다는 규정이 만들어졌다. 그런데 80% 이상이라는 구체적인 수치가 제시되었지만 권고사항이므로 제재할 수 있는 마땅한 규정이 없어 실효성의 문제가 제기될 수밖에 없었다. 따라서 권고사항을 의무사항으로 변경하든지 아니면 우선고용 자체를 삭제하는 두 가지 방안 가운데 후자를 선택

---

44) 오상훈(2005). 『관광과 문화의 이해』. pp.177~178.

한 제주도에서는 2009년에 우선고용 조항을 특별법에서 삭제하였다.

지역주민 우선고용 조항의 삭제로 해묵은 논란이 재연되기에 이른다. 반발하는 쪽에서는 대기업의 잇속만 챙겨 준 특혜이므로 우선고용 조항의 즉각적인 부활을 요청한 반면, 찬성한 쪽에서는 국내외의 기업 유치에 걸림돌을 제거하여 장기적으로 제주도민에게 이익이 될 것이라고 반박하였다. 찬성 측에서는 설령 80%의 고용조항이 의무화되더라도 제주도민에게 돌아갈 일자리의 대부분은 비정규직으로 제한되고 20%에 해당하는 관리직종은 외지인의 몫이 될 공산이 크다고 주장하였다. 즉 어떠한 사회이든지 간에 전체 부(富)의 80%는 20%가 소유한다는 파레토의 통찰에 따라 전체 고용인원의 80%가 지역주민에게 배정되더라도 가져갈 수 있는 편익의 크기는 20%에 불과하다는 것이다. 의무비율에서 벗어난 20%의 고용인원이 결국 80%의 편익을 가져가는 구조를 제도화하면 오히려 손해가 될 수 있다는 것이 우선고용 조항의 삭제를 지지하는 입장이다.

규제완화는 전 세계적인 추세일 뿐만 아니라 사람과 자본, 상품의 자유로운 이동을 가능케 하는 국제자유도시를 지향하는 제주도에서 지역주민의 우선고용을 의무화하면 논리적인 모순이라는 비판도 제기될 수 있다. 제주도에 투자하는 기업이 자발적으로 제주도민을 우선적으로 채용할 수 있도록 자체적인 역량을 강화하는 관점을 고려해야 할 시점인 것이다. 기업의 요구에 부응하는 인재양성에 관심을 기울인다면 우선고용이라는 애매모호한 조항이 더 이상 논란거리가 되지 않을 것이다.

시늉만 낸 격인 관광요금인하

1970년대는 제주관광의 비약적인 성장기라 해도 과언이 아니지만 1980년을 1년 앞둔 1979년에 심각한 위기에 직면한 바 있었다. 전 세계를 강타한 2차 석유파동이 시작된 1979년의 한국은 경제적 위기뿐만 아니라 정치적인 격동까지 발생한 해로 기억될 것이다. 경제성장률의 관점에서 보면 1차 석유파동 상황에서는 큰 영향을 받지 않았지만 2차 석유파동은 한국경제에 심각한 영향을 미쳤다. 1974년의 경제성장률이 8.0%이고 다음 해인 1975년에는 7.1%의 견실한 성장이 지속된 반면, 2차 석유파동으로 인해 1979년에는 6.4%의 경제성장률을 기록했지만 다음 해에는 −5.7%로 급감하였다.[45] 2차 석유파동이 시작된 1979년은 곧 밀려올 거대한 해일의 피해를 최소화하고자 전 국민적인 소비절약운동이 시작된 해였던 것이다.

정부에서는 주유소의 영업시간을 제한하는 방침에서 나아가 석유 판매량을 제한하는 강력한 조치를 검토하였다. 이와 더불어 단체관광과 행락의 절제를 촉구하면서 제주관광의 불황이 시작되었다.[46] 개별 관광객은 일정한 숫자를 유지하였지만 정부에서 권고한 바처럼 단체관광객은 거의 발길이 끊어진 것이나 마찬가지였다고 한다.[47] 제주상공회의소의 조사에 의하면 호텔과 여관 등의 숙박업소의 매상은 전년보다 56.5%나 감소하였고, 음식점 등 업소의 평균 매상도 전년 대비 1/3 수준으로 감소하였다.[48] 이처럼 불황의 여파가 심각해지

---

45) 김재명(2007). 『석유, 욕망의 샘』. p.53.
46) 제주신문(1979. 5. 5). 「단체관광 규제, 석유 배분제 검토」.
47) 제주신문(1979. 6. 12). 「관광업계도 심한 불황, 단체손님은 거의 발 끊겨」.

자 관광요금을 인하하는 자구책을 강구해야 한다는 공감대가 형성되기에 이른다.[49]

제주도의 관광사업체에서 자발적으로 요금인하의 필요성을 제기한 배경은 물가상승을 명분으로 관광요금을 전년 대비 100% 이상을 인상하였기 때문이었다. 1978년에 2박 3일의 숙박비는 1만 2,000원선이었지만 1979년에는 100% 이상 인상된 2만 4,500원이고, 식사대가 포함된 기타 잡비는 1978년에 7,500원에서 1979년의 요금은 133%가 인상된 1만 7,400원이었다.[50] 관광요금의 인상분이 지나치다는 업계의 공감대가 형성되자 제주도 당국에서는 전세버스와 숙박, 해운·항공요금을 20% 인하하는 정책을 마련하여 관광사업체의 자발적인 동참을 유도하기에 이른다.[51]

대한항공에서는 제주도 당국에서 제시한 20% 요금할인정책에 적극적으로 동조하였다. 단체관광객에게 10%의 요금을 할인해 주던 규정을 폐지했던 대한항공에서 제주관광의 불황타개에 힘을 보태고자 전격적으로 20%의 요금할인제를 마련한 것이다. 이처럼 자발적이고 적극적으로 동참하는 사업체와는 정반대로 할인요금정책의 취지를 훼손하는 사업체도 있었다. 특히 일부 숙박업체에서는 20%의 요금인하 정책이 발표되기 직전에 숙박요금을 되레 78~66%나 인상함으로써 20%의 할인을 적용해도 요금이 인상되는 결과를 가져왔다. 즉 단체관광객이 이용하는 갑류 여관의 요금을 2,400원에서 4,000원으로

---

48) 제주신문(1979. 7. 4). 「심각한 불황 몸살, 관광업소들 손님 없어 개점휴업」.

49) 제주신문(1979. 7. 11). 「관광요금 인하할 움직임, 업계 불황 타개 위한 고육책」.

50) 제주신문(1979. 7. 31). 「관광불황 언제쯤 풀릴까, 너무 비싼 관광요금도 기피 원인」.

51) 제주신문(1979. 8. 17). 「모든 관광요금 할인 실시, 道 업계에 권유」.

인상한 후 20%의 할인을 적용하면 숙박요금이 3,200원이므로 육지부의 여행사에서 반발한 것은 당연하였다.[52] 전세버스업계는 요금인하 정책에 동조하였지만 요금인하의 시기와 방식을 두고 육지부의 여행사와 다툼을 벌이는 등, 전반적으로 20% 요금인하정책은 기대 이하로 판명되었다.[53]

2008년 2월부터 제주도 당국에서는 대대적인 관광요금 인하정책을 의욕적으로 시행하였다. 제주도 당국에서 전국 평균 요금보다 비싼 954개의 관광업소를 대상으로 가격인하 운동을 추진한 결과, 73.8%인 704개 업소가 동참한 것으로 조사되었다.[54] 관광객과 제주도민, 관광사업체를 대상으로 관광요금 인하정책의 반응을 조사해 본 결과 관광객의 77.3%는 보통 이상이라면서 긍정적이었지만 제주도민의 55.4%는 효과를 느끼지 못한다면서 부정적으로 조사되었다.[55] 1년도 못 돼서 종전 가격으로 환원한 사업체도 적지 않았는데 애초부터 내키지 않았지만 불이익을 우려하여 동참한 것이 원인이었을 것이다.

폭파 해체된 76동의 방갈로

제주도 남원리(里)의 속칭 황토개로 불리는 일대에서 건축 중이던 76동의 방갈로 건물은 완공 직전에 내무부로부터 철거 지시를 받게

---

52) 제주신문(1979. 9. 12). 「관광요금 인하하나마나, 숙박요금인하 발표 있기 직전 79%까지 인상돼」.
53) 제주신문(1979. 9. 19). 「관광요금할인제에 이견, 운송업자 · 여행사 간에 적용기준 놓고 맞서」.
54) 연합뉴스(2008. 6. 11). 「제주 관광요금 인하 확산, 74% 동참」.
55) 연합뉴스(2008. 7. 15). 「제주 관광요금 인하 평가 엇갈려」.

되었다. 문제가 된 방갈로들은 영농 이외에는 타 용도로 전용할 수 없는 절대농지로 묶인 부지에서 건축된다는 제보를 접수한 감사원은 두 차례에 걸쳐 현지조사를 실시한 결과를 내무부에 통보하였다.[56] 내무부에서 완공 직전의 76동 방갈로를 모두 철거하라는 극약처방을 내리게 된 배경은 자칫하면 정치적으로 쟁점화될 소지가 다분한 것으로 판단하였기 때문일 것이다.

일대의 지역주민들은 관광시설물이 건립될 수 없는 절대농지에 호화스러운 방갈로 단지 조성공사가 완공되기 직전까지 불법공사라는 의심조차 하지 않았다고 한다. 보릿고개는 넘겼지만 여전히 부족한 식량의 자주화에 심혈을 기울이던 시절에 절대농지를 훼손하는 상황은 상상하기조차 어려웠던 것이다. 그래서 법적인 절차를 밟아서 대규모 공사가 진행되고 있다고 지역주민들은 생각했던 것이다. 불법공사인데도 지역주민조차 의심하지 않았던 배경은 관할 행정당국의 묵인이 있었기에 가능하였던 것이다.[57]

제주도에서 마무리될 수 있었던 사건일 수도 있었지만 당시 야당이던 신민당에서 제주도에 진상조사단을 파견하기로 결정하면서 정치쟁점으로 부상하게 되었다. 신민당이 진상조사단을 파견하기로 한 것은 절대농지에 호화 방갈로를 부정한 방법으로 건축하여 권력층과 부유층의 별장으로 사용하는 점을 지적하기 위함이지만 또 다른 한편으로는 사건의 핵심인물 중에 국회의원의 자제가 있다는 의혹도 고려한 조치였다.[58] 당시 김영삼 신민당 총재의 지시에 의해 진상조

---

56) 동아일보(1979. 7. 30). 「절대농지에 불법 방갈로 76채, 위법 통보 철거 지시」.
57) 제주신문(1979. 8. 7). 「업자탈법에 넘어간 행정, 남원리 불법 방갈로 사건의 시말」.
58) 경향신문(1979. 8. 4). 「제주 호화 방갈로, 신민 조사단 구성」.

사단의 구성이 결정되자 정부로서도 신속하고 단호한 조치를 단행할 수밖에 없었을 것이다.

절대농지에 76동의 호화스러운 방갈로 단지를 조성한 사업자는 일흔을 앞둔 고령이었지만 전격적으로 구속되었다. 또한 사업주가 제주도에서 운영하던 호텔의 관리부장과 관할 행정기관의 고위 관계자도 구속되었다. 구속 직전에 사업주는 76채의 방갈로 중에서 분양된 물량을 제외한 20여 채는 국가에 헌납할 의사를 밝혔지만 도리어 사태를 꼬이게 한 것이나 마찬가지였다. 정부에서 신속히 철거를 완료하는 지시가 내려지자 사업자 측에서는 1동당 15만 원을 지불하기로 하고 다이너마이트로 폭파 해체하기로 한 것이다.[59] 10억 원 이상으로 평가되던 시설물의 철거에 다이너마이트가 사용됨으로써 재활용의 여지조차 사라진 채 거대한 양의 철거 잔해물을 폐기할 적절한 장소를 물색하느라 애를 먹었다고 한다.[60]

방갈로 단지가 조성되던 속칭 황토개 일대는 제주올레의 제5코스를 걷다 보면 지나치게 된다. 바다를 지척에서 바라보면서 걷다 보면 그대로 지나치게 되는 황토개의 사연을 아는 관광객은 아마도 거의 없을 듯싶다. 과거의 아픔을 들춰낼 필요는 없지만 무작정 망각하는 것도 옳은 선택은 아닐지 모른다.

---

59) 제주신문(1979. 9. 15). 「방갈로 사건 주역 3인 구속」.
60) 동아일보(1979. 10. 3). 「폭파 철거되는 호화, 남제주 남원리 76채의 방갈로村」.

바다비경을 관광하는 해저관광선

제2차 석유파동이 시작된 1979년의 투자여건은 악화되고 있었다. 1979년에 9개의 대규모 호텔을 착공하여 다음 해인 1980년이나 1981년의 상반기에 완공할 계획이 수립되었지만 석유파동의 여파로 자금을 확보하지 못한 5개의 호텔은 착공조차 되지 않았다.[61] 1980년대에 제주관광산업의 비약적인 성장을 실현하기 위해 정부에서 마련한 제주관광종합개발계획에도 상당한 차질이 빚어졌다. 1979년의 상반기를 넘긴 7월 말까지의 진도는 계획 대비 38%에 머물고 있었다.[62] 국가적인 소비절약 운동이 발족된 상황에서 최우선적으로 씀씀이를 줄이는 영역은 예나 지금이나 관광인 것은 마찬가지였던 것이다.

전 세계적으로 향후의 경기전망을 점치기가 어려웠던 1979년의 하반기에 새로운 관광유람선이 제주항에 입항하였다. 해저 2m까지 볼 수 있도록 특수 제작된 투시창이 설치된 관광선의 설계는 일본에서 맡았지만 우리의 기술로 건조된 특수선박의 등장은 냉각되어 버린 관광투자시장에 그야말로 단비 같은 존재였을 것이다. 용궁1호로 명명된 해저관광선의 제원은 35톤의 무게에 100명을 태우고 11노트의 속도로 서귀포 앞바다의 섶섬과 문섬, 범섬 일대를 운항할 수 있었다. 해저관광선에 탑승한 관광객은 특수 투시창을 통해 돌돔과 황동 등의 어류라든지 문어와 낚지 등의 연체류, 전복과 소게 등의 패류를 자연 그대로의 상태로 관람할 수 있었다. 때로는 해녀들의 수중작업

---

61) 제주신문(1979. 7. 5). 「불황 때문인 듯, 호텔건축 거의 착공 안 돼」.
62) 제주신문(1979. 9. 4). 「불황타는 관광종합개발, 상반기 넘긴 7월 말까지 진도 겨우 38%」.

광경도 생생히 볼 수 있도록 계획되었다.[63]

　1979년 10월에 제주항에 입항한 해저관광선은 1년 전인 1978년 10월에 도입신청서가 제출되어 곧바로 승인되었기에 불황의 와중에도 예정대로 제주항에 입항한 것이다.[64] 이처럼 사업계획이 1978년에 확정되지 않았더라면 해저관광선의 도입계획은 석유파동의 여파로 좌초되었을지도 모른다. 당시의 관광객 유치 전략으로는 낚시대회를 개최하는 수준이었다는 점에서 특수 제작된 유리창을 통해 해저의 비경을 관람할 수 있는 해저관광선의 도입계획은 무척이나 참신하다고 평가할 수 있다. 그런데 본 계획의 아이디어는 당연히 도입계획서의 제출에서부터 실제 건조까지 한 민간 사업자에게 돌려야 마땅하지만 제주도 당국의 사전지식도 긍정적인 영향을 주었을 것이다. 즉 해저관광선의 도입 신청서가 제출되기 직전에 발리와 괌, 사이판을 방문하고 돌아온 제주도 당국의 고위관계자가 괌에서 운항되던 해저관광선을 언급했던 것이다.[65] 우연의 일치일 수 있지만 해저관광선의 도입신청서가 제출되기 직전에 제주도 당국의 고위관계자가 직접 괌에서 해저관광선을 둘러본 것은 해저관광선의 타당성을 확인하기 위함이었을 것이다. 일각에서는 사업자와 모종의 관계를 제기할 수 있지만 기껏해야 35톤의 선박을 들여올 제주도민에게 편의를 제공해 주고자 한 행동이 특혜라면 당시에 항간에 무성한 재벌특혜의 실체가 궁금해진다.

---

63) 제주신문(1979. 10. 23), 「제주항에 입항한 해저관광선」.
64) 제주신문(1978. 10. 26), 「해저관광 곧 착수, 道 민자 개발신청을 승인 방침」.
65) 제주신문(1979. 10. 5), 「관광객 유치 위해 갖가지 시설 개발」.

에필로그

　2010년의 제주관광을 설명하는 간결한 수식어로는 '사상 최대'와 '최단기간'이다. 제주국제공항의 1일 이용객이 사상 최대를 기록했다든지, 월간 관광객의 숫자가 사상 최대라든지 또는 누적관광객 수가 최단기간에 300만 명을 돌파했다는 등의 긍정 일색의 뉴스가 홍수를 이루고 있다. 제주관광의 고질적인 병폐인 부당요금과 쇼핑 강요, 불친절을 지적하는 관광객의 불편신고 건수도 감소추세라고는 하지만 현재의 상황에 안주해서는 국제적인 관광지로 발전할 수 없을 것이다. 잘못된 관행은 과감히 제거하고 창의적인 관광지로 부상할 수 있게 절차탁마의 마음가짐이 필요한 시점이다.

　명심보감에는 '欲知未來 先察已然', 즉 '미래를 알고 싶다면 먼저 지난 일을 살펴보라'는 의미를 지닌 글귀가 있다. 한때는 자천타천으로 '동양의 하와이'를 지향한 제주도이지만 관광객의 숫자만 놓고 보면 하와이를 따라잡기 직전에 와 있다. 짧게는 2~3년 후에 제주관광의 외형은 하와이를 추월할 것으로 예상되지만 과연 제주도가 전 세계인이 동경하는 관광지로 인식될 수 있을지는 확실하지 않다. 국제적인 관광지임을 공인하는 기준은 없지만 아마도 내면의 성장이 이루어진 장소를 두고서 국제적인 관광지라는 호칭을 붙여 줄 것이다. 관광객을 환대의 대상으로 인식하는 관광지에서는 부당요금의 청구라든지 강요된 쇼핑, 불친절은 자체적인 정화가 가능하므로 세계 각지로부터 관광객이 몰려오는 것이다. 이런 점에서 제주관광의 바람직한 미래는 외형적인 성장에 치중해서는 실현할 수 없고 고통이 수반되는 내면의 성찰이 선행되어야 할 것이다.

관광객을 환대의 대상으로 인식하는 관광지도 있지만 정반대로 바가지를 씌울 호구로 간주해도 무방하다는 공감대가 형성된 관광지도 있을 것이다. 후자의 대부분은 관광개발의 편익을 극소수의 외지인이 독점하여 현지인은 상대적인 박탈감을 체험하는 관광지이다. 이런 점에서 바가지와 불친절이 고질적인 병폐라는 목소리가 제기된 제주관광의 근본적인 문제점도 개발방향과 편익분배에서 유래되었을 가능성이 높다. 그래서 씨앗이 껍질을 벗고 발아된 시점으로 거슬러 올라간 후 성장하는 광경을 관찰하다 보면 문제의 발단을 파악할 수 있을 것으로 판단하였다. 이렇게 해서 소소한 일상까지도 소개하는 일간지를 대상으로 제주관광의 성장광경을 살펴보기로 한 것이다. 거슬러 올라간 시점은 1960년부터 박정희 대통령의 재임기간인 1979년까지로 설정하였다.

초창기 제주관광의 성장추세를 확인할 일간지로『제주신문』을 선택하였다.『제주신문』은 1945년 10월 1일에 창간된 일간지인『제주신보』와 1956년 4월 2일에 창간된 주간지인『제민일보』가 1962년 11월 20일에 통합되어 발행된 일간지이다. 1996년 11월 1일에『제주일보』로 변경된 후에도 여전히 발간되는 제주도에서 가장 유서 깊은 매체이다.『제주신문』이 1962년 11월 20일부터 발간된 관계로 실질적인 분석기간은 1963년부터 1979년까지로 설정하였다.

분석기간에 발행된『제주신문』을 전량 보관한 도서관에서 필요한 부분을 스크랩하다 보니 훌쩍 2개월이 소요되었다. 길게는 50년에 가깝고 짧게는 30년 전에 발행된 신문이다 보니 세월의 흔적을 피해 갈 수 없는 부분도 있었다. 자연적으로 탈색된 지면은 어쩔 수 없지만 고의적으로 훼손된 부분을 접할 때마다 안타까운 심정을 금할 수 없었다. 하루속히 디지털로 전환하지 않는다면 완전한 데이터를 구축할 수 없을지도 모르는 상황이므로 사회적인 관심이 필요하다고 본다. 일개 지방신문사의 기록이 아니라 지방의 문화와 역사를 간직한 귀중한 유물로 인식한다면 국가적인 지원근거를 마련할 수 있을 것이다.

1960년대와 70년대에 발행된 『제주신문』의 기사에서 에피소드를 끌어온 후 당시의 정황을 이해하는 데 도움이 되는 전국 일간지의 기사도 종종 참조하였다. 그런데 1960년부터 1995년까지의 기사가 디지털화되지 않았다면 전국 일간지는 참조할 엄두조차 내지 않았을 것이다. NHN社에서 구축한 '네이버 디지털 뉴스 아카이브'의 서비스 목록에 지방의 대표적인 일간지도 포함된다면 지방문화를 이해하는 데 도움이 될 것이다.

분석기간을 1960~1979년으로 설정한 것은 관광정책의 일관성을 고려한 결과이다. 그래서 군대를 배경으로 정권을 장악한 공통점이 있지만 대내외적인 차이가 많았던 점을 감안하여 전두환 대통령의 재임기간은 포함하지 않았다. 따라서 전두환 대통령이 집권한 1980년부터 김영삼 정부가 국제통화기금(IMF)의 구제금융을 신청한 1997년까지를 분석기간으로 설정하여 제주관광의 변화양상을 살펴보는 후속연구가 필요하다고 본다.

참고문헌

<국내외 단행본 및 논문>
강정효(2003). 『한라산: 오름의 왕국 생태계의 보고』. 서울: 돌베개.
교통부(1991). 『1991년도 관광동향에 관한 연차보고서』. 서울: 교통부.
교통부(1989). 『관광업무자료(통계중심)』. 서울: 교통부.
국사편찬위원회(2008). 『여행과 관광으로 본 근대』. 서울: 두산동아.
권영인(2009). 「세이칸 해저터널의 운영현황과 사회경제적 효과」. 『월간교통』,
          133, pp.45 – 51.
권태영 · 오수록 · 최우규(2005). 『(최신) 여가와 레저문화』. 서울: 기문사.
김석윤(2007). 『여의도에서 새만금으로: 김석철의 도시계획 · 도시설계』. 서울:
          생각의 나무.
김재명(2007). 『석유, 욕망의 샘』. 서울: 웅진씽크빅.
남시욱(1997). 『체험적 기자론』. 서울: 나남출판.
라타(1997). 「발리의 관광 발전과 섬 관광 정책포럼에 거는 기대」. 『아시아 도
          서 간 협력: 관광과 문화교류』. 제주발전연구원 · 제주대학교 동아시
          연구소 편.
문(2002). 『동맹 속의 섹스』. Moon, K., *Sex among Allies: Military Prostitution in
          U.S. – Korea Relations*(이정주 역). 서울: 삼인.
문옥표 · 황달기 · 권숙인(2006). 『일본인의 여행과 관광문화』. 서울: 소화.
박영수(2007). 『(유래를 알면 헷갈리지 않는) 우리말 뉘앙스 사전』. 서울: 북로드.
송건호(2002). 『송건호 전집7: 한국민족주의의 탐구』. 서울: 한길사.
신이치로 편(2010). 『한국의 경제 발전과 재일 한국 기업인』. 서울: 말글빛냄.
오상훈(2005). 『관광과 문화의 이해』. 서울: 형설출판사.
유광의 · 유문기(2004). 『공항 운영 및 관리』. 서울: 백산출판사.
이기욱(2003). 『제주 농촌경제의 변화』. 서울: 집문당.
이영권(2004). 『제주역사기행: 변방의 시선으로 제주의 구석구석을 만나는 즐
          거움』. 서울: 한겨레신문사.

이영재(2008). 『제국 일본의 조선영화』. 서울: 현실문화.

이재기(2005). 『(글로벌) 금융 포커스』. 서울: 한올.

임계순(2002). 『중국인이 바라본 한국: 떠오르는 경제강국 중국은 우리를 어떻게 보는가』. 서울: 삼성경제연구소.

전경수(1994). 『관광과 문화: 관광인류학의 이론과 실제』. 서울: 일신사.

정성채 · 임헌국(2005). 『여행사업 경영론』. 서울: 기문사.

박대환 · 박봉규 · 공기열 · 박진우(2007). 『호텔경영관리론』. 서울: 도서출판 대명.

제주시청(2000). 『(사진으로 엮는) 20세기 제주시』. 제주: 제주시청.

제주도 전력사 편찬위원회(2004). 『(제주전기 77년) 제주도 전력사』. 제주: 제주전력공사 제주지사.

조성윤 편(2008). 『일제 말기 제주도의 일본군 연구』. 제주: 제주대학교 탐라문화연구소.

치하야(2004). 『에도의 여행자들』. 高橋千劍破, 江戶の旅人(김순희 역). 파주: 효형출판.

카슨(2001). 『고대의 여행 이야기』. Csson, L., *Travel in Ancient World*(김향 역). 서울: 가람기획.

한국개발연구원(1989). 『제주도종합개발계획의 재검토』. 서울: 한국개발연구원.

한국건설기술연구원(1969). 『日本國新全國綜合開發計劃』. 서울: 한국건설기술연구원.

한국공항공단 제주지사(1996). 『한국공항공단 제주지사 10년사(1985~1995)』. 서울: 한국공항관리공단 제주지사.

한국문화관광연구원. (2010). 『2009외래관광객 실태조사』. 서울: 한국문화관광연구원.

Bryan, H. (1977). Leisure Value System and Recreational Specialization: The Case of Trout Fisherman. *Journal of Leisure Research*, 9(3), pp.174 – 187.

Dyck, C., Schneider, I., Thompson, M. & Virden, R. (2003). Specialization among Mountaineers and Its Relationship to Environmental Attitudes. *Journal of Park and Recreation Administration*, 21(2), pp.44 – 62.

Hall, C. M. (1994). *Tourism and Politics: Policy, Power, and Place*. Chichester: New York: Wiley.

Hawkins, D. E. & Mann, S. (2007). The World Bank's Role in Tourism Development. *Annals of Tourism Research*, 34(2), pp.348 – 363.

Leheny, D. (2003). *The Rules of Play: National Identity and the Shaping of Japanese Leisure*. Ithaca and London: Cornell University Press.

<인터넷 사이트>
가마오름 평화박물관 홈페이지(http://www.평화박물관.kr)
국립국어원 홈페이지(http://www.korean.go.kr)
기상청 홈페이지(http://www.kma.go.kr)
네이버 디지털 뉴스 아카이브(http://dna.naver.com)
위키피디아 홈페이지(http://www.wikipedia.org)
메리암-웹스터 사전 홈페이지(http://www.merriam-webster.com)
제주도청 홈페이지(http://www.jeju.go.kr)
항공정보포탈시스템(http://www.airportal.co.kr)

<언론사>
경향신문
노컷뉴스
뉴시스
동아일보
매일경제
머니투데이
서울신문
아시아경제
연합뉴스
제주신문
제주일보
전자신문
중앙일보
주간한국
한겨레

문성민

미국 Santa Monica Community College를 졸업하고 경희대학교와 한양대학교에서 관광학을 전공하였다.
일선에서 적용할 수 있는 이론의 도출에 관심이 많아 틈틈이 아이디어 공모전에 참가하였다. 2005년에는 태권도공원을 주제로 한 문화관광부의 공모전에서 우수상을 수상하였으며 2006년에는 제21회 이천도자기축제 아이디어 공모전, 2008년에는 제54회 백제문화제 아이디어 공모전에서 수상하였다.

『제주관광의 정책현황과 대안모색』
『의료관광 들여다보기』
「조우규범과 개인공간 유지성향이 혼잡지각에 미치는 영향」
「균형성과표(BSC)를 적용한 성과평가모형 개발」
「경복궁 관람객의 공간인지에 관한 연구」
「축제참가 동기와 혼잡지각 및 만족 간의 관계」
「산촌관광 계획과정에서의 주민참여에 관한 연구」

신문으로 본
제주관광 발전사
1960~1979

초 판 인 쇄 | 2010년 10월 29일
초 판 발 행 | 2010년 10월 29일

지 은 이 | 문성민
펴 낸 이 | 채종준
펴 낸 곳 | 한국학술정보㈜
주　　소 | 경기도 파주시 교하읍 문발리 파주출판문화정보산업단지 513-5
전　　화 | 031) 908-3181(대표)
팩　　스 | 031) 908-3189
홈 페 이 지 | http://ebook.kstudy.com
E-mail | 출판사업부 publish@kstudy.com
등　　록 | 제일산-115호(2000. 6. 19)

ISBN　　978-89-268-1614-1 03380 (Paper Book)
　　　　978-89-268-1615-8 08380 (e-Book)

이담 Books 는 한국학술정보(주)의 지식실용서 브랜드입니다.